Aufwärm- und Übungsprogramm für Reiter

エッカート マイナース
乗馬のマイトレ

照井駿介 監訳

アニマル・メディア社

Contents

4 正しい騎座が最良の動物保護
Heike Kemmer（ハイケ ケマー）

5 馬学と運動学を結ぶ
Hannes Müller（ハネス ミュラー）

9 正しい騎座を身につけるヒント
照井駿介

ライダーのウォーミングアップ

11 騎乗前のウォーミングアップ

17 ウォーミングアップはここに気をつける！

19 ウォーミングアップの種類

21 ウォーミングアップの基礎—6ポイントプログラム

32 一般的なウォーミングアップエクササイズ

34 特別なウォーミングアップエクササイズ

35 クロスコーディネーション能力を向上させる
キネシオロジーエクササイズ

37 ストレス解消のためのエクササイズ

40 しなやかで安定した動きの流れをつくる

42 エクササイズの基本方針

多彩なウォーミングアッププログラム

48 プログラム1　身体構造を意識する

57 プログラム2　動きに適応する

65 プログラム3　瞬時に呼び戻す

73 プログラム4　筋力増強のためのエクササイズ

81 プログラム5　自然な動きを取り戻す

87 プログラム6　大きな関節を柔軟にする

93 プログラム7　捻転姿勢のためのエクササイズ

積極的な疲労回復プログラム

105 クーリングダウンプロセス

108 馬上のエクササイズ　基礎編

109 トレーニングスケールの基礎

112 ライダーのトレーニングスケール

118 バランス感覚と感情のアンバランス

130 運動感覚

134 馬とライダーのトレーニングスケールを織り込む

138 馬上のエクササイズ　実践編

139 実践編のライダーの親睦期

145 1. 親睦期

161 2. プッシングパワー（推進力）の養成

169 3. キャリングパワーの養成

174 馬上の6ポイントプログラム 1

186 馬上の6ポイントプログラム 2

207 地上と馬上のショートプログラム

208 地上のショートプログラム 1

211 地上のショートプログラム 2

214 馬上のショートプログラム 1

218 馬上のショートプログラム 2

221 馬上のショートプログラム 3

224 脳のためのプログラム

227 ライダーの緊張をほぐすプログラム

231 参考文献

235 索引

Photos 　　©Horst Streitferdt / Kosmos
　　　　　　©Andrea Marquardt / Kosmos
Illustration ©Constanze Keuter

正しい騎座が最良の動物保護

Heike Kemmer
(ハイケ ケマー)
2008年北京/香港オリンピックの馬場馬術(ドレッサージュ)競技団体戦金メダリスト、個人戦銅メダリスト

監訳者注
エクイターナ
ドイツのエッセンで2年に1度開催される世界最大級の馬のイベント。最新の馬具や乗馬用品の展示、さまざまな馬種の紹介、乗馬のデモンストレーションやショーが行われる。

　馬に乗り、馬とともに仕事をし、馬のいる環境で働く私を成長させてくれるあらゆるものに、人一倍好奇心旺盛に積極的に取り組んでいた私は、2005年のエクイターナ(Equitana)で偶然、エッカートマイナース氏に出会った。馬運動学の教師として、また乗馬インストラクターとしての彼の仕事についてはたびたび耳にしており、私はかねてから、自分の乗り方だけでなく騎座と扶助操作まで、科学的な視点から指導してほしいと思っていた。私はエッカート氏とすぐにトレーニングの日程を決め、私の厩舎に所属するライダーも加わった。

　「トレーニングセッション」には、初回から得られるものが非常にたくさんあった。エッカート氏が指導してくれた「リラックスすること」「騎乗中の随伴」「拳と独立した騎座」そのほか多くのことが、容易により良い姿勢でできるようになった。また、すぐに「人馬一体」の状態をつくることができ、それは持続的なものであった。その日以来、週に1回、定期的にトレーニングを行い、いつの間にかその練習はすっかり私の身についた。メンタルトレーニングに関する理解や、競技に向けて首尾良く仕上げていくノウハウも私のなかに深く刻まれ、アスリートとしての道を歩むうえで重要な1歩となった。そのため、本書に序文を寄せることができ大変光栄に思う。

　本書は競技を目的とした馬術競技選手だけを対象としたものではない。むしろ、あらゆる分野のすべてのライダーにとって、バランスの良い調和のとれた騎乗を実現するのに役立つだろう。適切な扶助操作は、ライダーの騎座が安定したものでなければ達成できない。

　「座る」というテーマに関連した、ある自然療法士の言葉が専門誌に掲載されたことがあった。その自然療法士は「正しい騎座が最良の動物保護」と述べていた。これには深くうなずくばかりである。加えて、本書をすべてのライダーにお薦めしたい。

馬学と運動学を結ぶ

　私がはじめてエッカート マイナース氏に出会っ
たのは、総合馬術競技者の年次指導者集会で彼の発
表を聴講したときだった。彼の解説を聞いて、たち
まち私の興味はかきたてられた。とくに印象的だっ
たのは、彼のセミナーの一部である自己体験であっ
た。たとえば、「ミミズクレッスン」というのがあ
る。首を回すと視界が左右にそれ以上広がらないと
いうポイントがあるが、このレッスンでは、その広
がらないポイントがものの数分間で、自分が本当に
ミミズクになったように感じられるほど変化してし
まう。これには全く驚かされた。私は、そのレッス
ンがソフトで心地良いものであったことに最大の魅
力を感じた。これまでの身体の柔軟性や運動能力を
伸ばそうとするレッスンでは、筋肉痛やそのほかの
不快感をともなうことが多かった。エッカートのレ
クチャーは、当時インストラクターとしてライダー
の養成にあたっていた私の心に強く響いた。乗馬を
学ぶ意欲的な生徒たちは、トレーニング段階も年齢
も非常にさまざまで、日々の訓練では、難しい問題
にぶつかることもあった。また、姿勢の悪さが馬の
動きを妨げているのはあきらかだが、それが全く改
善されないか、わずかな改善にとどまることが多
かった。

　エッカートとのこの最初の出会いは数日後、「ハ
ンブルクの総合馬術ライダー、地上に」という見出
しで新聞に掲載された。かつての私の戦友、ライム
ント ヴィレとアクセル シュトゥッベンドルフ（彼
は有名な総合馬術ライダーの息子でもある）をなん
とか説得し、リューネブルクにあるエッカートの研
究所を訪れた。この最初の「体操レッスン」以来、
私たちは長きにわたり一緒に仕事をすることになり、
途絶えることなく交友をはぐくんできた。

　当時、ハンブルクの総合馬術選手たちは、ドイツ
選手権からヨーロッパ選手権まで華やかに成功を収
めていた。私がドイツの乗馬学校で、プロライダー

> **監訳者注**
> **マイスターコース**
> ドイツの職業訓練制度における職人の最上位である「マイスター」の資格を取るためのコースである。一定の技術や知識を持ち、国家試験に合格した人物を「マイスター」として認定し、手当の支給や優遇措置を図る。また、自身の技術研鑽のみならず「ゲゼレ」の指導にあたることで技術の継承を目指す。

> **監訳者注**
> **ベライター**
> ドイツの職業訓練制度において国家試験に合格した者に与えられる資格である。一般的には「ゲゼレ」と呼ばれるが、馬術においては「ベライター」という別名が使われる。

たちを統括する立場として仕事をする機会を得たとき、最初からエッカートに関与してもらえるよう手を尽くした。いまや、彼の見識と技量はプロライダーとインストラクターの養成に欠かすことはできない。スポーツ運動学の理論に基づいた科学的分析から得られた彼の知識は、まずはマイスターコースで、後にベライターコースでも教育課程に加えられた。それでもまだ、懐疑的な態度をとる多くの人を納得させることが必要であった。「馬に跨らないで地面に横たわり、人々の笑いを買うなどごめんだ！」という否定的な態度から、「結局、乗馬を学ぶ生徒たちになんと言えばいいのでしょう？」といったお手上げとばかりの質問まで、私たちはこういった人々に対し、理解を促すための説明や宣伝活動を行わなければならなかった。そうこうするうちに、私たちは「Bewegungs-trainer（運動学インストラクター）EM」として追加の教育課程を修了し、全く新しい乗馬レッスンを組み立てることのできる

ライダーとインストラクターの対話はインストラクターの分析に基づいて行われる

推薦のことば　7

ライダーの認識をインストラクターの認識にチューニングしていく必要がある

　40名以上のプロインストラクターを養成した。これら追加の教育課程を含んだプログラムは、今後かならずや、ますますの発展をみせるだろう。

　たくさんの成功と経験をもったベテランライダーたちが、ちょっとした"トリック"を使うだけで全く異なる動きをする馬を生みだすたびに、私はいつも新たな感動を覚える。このようなことが、ウォーミングアップを終えた馬たちが忍耐強く毛布の下で待ちながら、地面で練習しているライダーたちを見つめているだけにもかかわらず起こるのだ。

　ここでの成功のカギは、エッカートによる体系的アプローチである。このテーマを持続的に発展させ、そしてなによりも、実際に利用する私たちに常に適った形で届けてくれる、彼のエネルギーには感銘を受ける。彼のレッスンは常に最新の科学的知識に基づいている。ますますの発展をとげているエッカートの養成教育は、見た目や形式を重視する古い型にはめられた乗馬を、より実用的で機能重視の新時代の乗馬へと導いている。

本書全体をつらぬく主張、つまりエクササイズに
よって身体の機能を回復させ、動かしやすくするこ
とは、医学分野を揺るがすような治療法ではない。
しかしながら、それは1980年代や1990年代に
ブームとなったフィットネススタジオを凌ぐものだ。
私たちはプロライダー養成のインストラクターとし
て、運動学のさまざまな概念から確かな知見を得た。

エッカートは、自身が研究者になる必要なくその
概観をつかもうと、彼の考案した「6ポイントプロ
グラム」を発展させ、途方もない数のエクササイズ
とそのバリエーションを、興味を持つライダーに
とってより使いやすくすることに何度も成功してき
た。

本書は、それをさらに1歩進めるものである。こ
れらのトレーニングが馬上でのライダー養成の一環
となれば、この科学的研究はスポーツとしての乗馬
に取り入れられ、その活用が定着していくだろう。
乗馬学習にはそのほかの要素も重要であり、この研
究のみが重要なわけではない。しかし、乗馬を「身
体を使って行う馬と人の対話」と解釈すれば、私た
ちの身体が中央ヨーロッパの馬に対して中国語で話
しかけているようなものだと、すぐに理解できるだ
ろう。ライダーの身体のコンディションが整ってい
なければ、乗馬インストラクターとして生徒たちに、
乗馬の魅力をあらゆる面から本当の意味で理解して
もらうことは難しい。私自身の乗馬レッスンにエッ
カートのコンセプトを取り入れることで、乗馬イン
ストラクターとして乗馬がもたらすあらゆる喜びを
生徒に伝えることができる。

親愛なる読者の皆さん、自分の身体に真剣に向き
あってください。本書はそのための最先端の手引書
であり、鞍の上で実証されたエクササイズを惜しみ
なく提供してくれている。本書によって、皆さんは
自らライダーとしての成長のカギをつかみ、それは
最終的に皆さんの馬のためにもなるだろう。

Hannes Müller（ハネス ミュラー）
ヴァーレンドルフドイツ乗馬学校
トレーニングマネージャー

正しい騎座を身につけるヒント

　本書を手に取っていただき誠にありがとうございます。このたび、本書の監訳を担当させていただいたことを光栄に思っています。
　「どうしたら馬上でうまく
　　座れるようになれますか？」
　私は現在、乗馬インストラクターとして多くの方々の指導をしていますが、このような質問を非常によくいただきます。ライダーと馬との高度なコミュニケーションが求められる馬術というスポーツにおいて、騎座は非常に重要なコミュニケーションツールとなっています。本書を読むことで正しい騎座を身につけるためのヒントが得られるでしょう。
　本書では、スポーツ教育学の教授である Eckart Meyners 氏によって、ライダーが騎座を素早く改善するために役立つ多様なエクササイズが紹介されています。それらのエクササイズを日々の練習に取り入れることで、馬の動きに柔軟かつスムーズに随伴するために必要な筋肉や柔軟性、バランス感覚を効率よく身につけることができるでしょう。地上でのエクササイズに加え、馬上でのエクササイズも紹介されており、乗馬初心者だけでなく中上級者も楽しめる内容となっています。
　私自身もドイツで馬術トレーニングをしていた時に、スポーツトレーナーに教わりながら体幹トレーニングとストレッチをしていた経験があり、その効果を肌で感じています。本書を通じて、エクササイズの価値とその実践方法を皆さまにも広く知っていただき、日々のトレーニングに活用していただけることを願っています。そして正しい騎座を身につけることで馬とのコミュニケーションをさらに深め、より素敵な乗馬ライフを送っていただければ幸いです。

照井駿介
ドレッサージュ・ステーブル・テルイ

騎乗前のウォーミングアップ

リラックスした馬の上にはリラックスしたライダー

乗馬のトレーニングや馬術競技の準備として、ウォーミングアップというテーマは、まだ一般的に広く知られていないか、もしくは有意義なものとは考えられていない。ライダーは馬をウォーミングアップさせてその後クーリングダウンさせるが、ライダー自身にはそれらが必要とはとらえていない。

ライダーはトレーニングや競技に向けて適切に自分の調子をあわせていけば、顕著により優れた成果を出すことができるため、ウォーミングアップは人馬一体のためにぜひとも行うべきである。特定のウォーミングアップをしたライダーだけが調和のとれた動作パターンを馬にも伝えることができ、対話をスムーズに進めることができる。

後述するさまざまなポイントは、ライダーには乗馬に特化した体系的なウォーミングアップが喫緊の課題であることを示している。なぜなら陸上競技者、サッカー選手、ハンドボール選手などがスピード、強さ、持久力といった肉体的な限界を追求する一方で、乗馬においてはむしろコーディネーション能力が求められるためである。

重要なことは馬と力いっぱいにぶつかり合うことではなく、ライダーと馬とが軽快に調和して一体となって走ることである。

乗馬でより重要なポイントは以下のとおりである。
✓ 筋肉の柔軟性
✓ 関節の可動性
✓ バランス感覚
✓ リズム感覚
✓ 反応力
✓ 感性に沿った識別力
✓ 状況適応力
✓ 身体内部の動きの伝達
✓ 脳と精神の最適なコンディション

監訳者注
コーディネーション能力
身体の異なる部分や機能が効果的に連携し、正確に動作する能力。いわゆる「運動神経」のことをさす。

精神状態はウォーミングアップにすでに影響を与えている

身体の緊張、柔軟性の不足、全身の各部分を調和して使うための力の入れ方と連動プロセスに関して、ライダーは体系立てて準備をする必要がある。

心拍数への影響

安静状態から運動による負荷がかかった状態へ移行するときには、2段階のフェーズがある。第1フェーズでは、心血管系と代謝活性ホルモンであるアドレナリンが刺激される。第2フェーズでは代謝プロセスが優位に亢進する。2つのフェーズがもっとも効率よく進むようにするためには、乗馬を開始する前のウォーミングアップ段階がとくに重要であり、血液の循環を活発にしておく必要がある。

体温の上昇

ウォーミングアップを行うと体温と筋温が上昇する。加えて皮膚温も上がる。体温の上昇は代謝の変化をもたらす。長時間の乗馬では発汗によって水分が失われる。汗が蒸発すると熱が奪われ、皮膚温と深部体温の上昇が抑制される。

人の代謝プロセスは通常、体温が約37℃のときに亢進する。腕や脚ではさらにその5℃低くなる。全身が乗馬による負荷に対して最適なコンディションとなるのは、体温が38.5〜39.0℃のときである。

呼吸システム

ウォーミングアップ中の呼吸システムは呼吸数を増やし、呼吸を深くする。筋肉に必要な酸素量が増え、蓄積している代謝産物（乳酸など）を排出するためである。通常ははじめに負荷がかかり、少し遅れて呼吸が速くなる。

負荷が持続しているときは一定の時間が経過してようやく「定常状態」、つまりエネルギーの出し入れが均衡している状態に達する。これはライダーが、より長時間コンディションを崩すことなく馬を扶助するために重要なことである。ウォーミングアップ

スキップ　　　　　　　　　　　踵を尻に打ちつける走り方

を行うことで、スタート時の出遅れを防ぐことができる。負荷をかけるより前にライダーの呼吸システムが十分な排出レベルにまで引き上げられていると、実際に負荷をかけはじめたときにはすでにベストな状態ができあがっているからである。

ケガを減らす

体温が比較的高いと、筋肉の粘性つまり筋肉内部での摩擦が軽減される（14ページの"筋膜の準備"参照）。これは筋肉の硬直、痙攣、損傷を防止するのに役立つため重要である。筋肉の伸展性と関節の可動性はウォーミングアップを行うことで高められる。とくに屋外の気温が低い場合、体温の上昇はライダーのケガのリスクを軽減することにも役立つ。たとえば馬が驚いたり、脇へ飛び退いたりしたときには、ライダーの筋肉は素早く対応できなければならない。筋組織が冷えてくると組織の裂創やそれと似たような現象を引き起こす可能性がある。

調和プロセスおよび
乗馬テクニックへの影響

　体温が上昇すると筋肉の内部摩擦が弱まり、柔軟性が増加することで、神経系と筋肉の協働関係が向上する。筋肉の相互作用が改善されるとエネルギー消費が減り、全身の疲労を遅らせることができる。活動している筋肉がリラックスした状態であると、フライングチェンジ、連続変換、側方運動などの速くて高度なコーディネーション能力が求められる動作のときに、とくに良い影響をもたらす。神経索の伝導速度が増すと、筋肉、腱、靭帯の受容器がより敏感になる。これにより反応時間（神経インパルスの発生から筋肉の活動までの時間）が短縮され、素早く正確な扶助操作を得られる。身体的な感覚はライダーによってより素早く知覚される。すべての観点が馬の動きにそっと寄り添い、馬と対話をはじめるための基礎となる。

関節包、靭帯、腱、軟骨の各組織
および筋膜の準備

　体温を上昇させることは結合組織においても重要である。心血管系と同様に順応は鈍いが、結合組織ではさらに顕著である。関節包、靭帯、腱、軟骨組織の各線維および筋膜は、体温が 39 ～ 40℃になってようやく最適な弾性と可塑性を持つ。軟骨は筋組織よりも代謝速度が遅いため、準備に時間がかかる。これは両方の組織の柔軟性に大きな違いがあるためである。

　腱は（靭帯も）全長 5％ までしか伸ばすことができない一方、筋組織には高い伸張性（240％ まで）がある。これは筋肉から腱への移行部分がとくに損傷しやすいことを意味する。

　関節軟骨はもっぱら関節液から栄養を与えられており、血液系とは直接の連結がない。関節液は滑膜で生成され、関節包内部へ送られる。ライダーは、ウォーミングアップをとおして関節軟骨の内部の栄養状態を改善することができる。短時間のウォーミ

ングアップで関節の軟骨層は厚くなる。関節を5分間動かせば軟骨に栄養を供給する関節液は増加する。とくに乗馬にかぎらずスポーツのパフォーマンスにおいて重要である。関節をとおして伝わる馬の力をより良く受け止めることができるだけでなく、損傷を短期的および長期的に回避することが可能になるからである。このように、ウォーミングアップによってライダーはより長く健全性を保てる。

ウォーミングアップは筋膜を温めるためにも最適である。全身に張り巡らされているコラーゲン質（卵白を思い浮かべてほしい）の線維性の結合組織はすべて、筋膜に包まれている。筋膜は水、コラーゲン、糖とタンパク質の化合物および粘着物質からできている。すべての要素が結合して筋肉などの線維の束（索）、滑液包（嚢包）、滑膜、関節包ができる。結合した組織は適応力に優れており、性質は日常の動きに合わせて変容する。

身体のネットワークは上から下へ、前から後ろへ、外側から内側へと私たちの身体に張り巡らされている。このネットワークこそ筋膜をつなぐ筋筋膜経線であり、まるで鉄道網のように身体中を駆け巡っている。身体のなかの隔たった器官は筋膜で互いに結びついている。筋筋膜経線は立体構造を持つ。この組織は大変活発であり、6カ月間で全体がすっかり生まれ変わる。

筋膜が機能するために重要なカギを握っているのは水分である。高すぎる負荷、片側に偏った動き、運動不足は組織から水分を奪っていく。水分を奪われた結合組織は柔軟性を失うだけでなく、負重能力と再生能力も低下する。しかし、多様なレッスンとそのプロセスが（ウォーミングアップの段階ですでに）筋膜を潤し、筋膜の粘性と弾性を高めることができる。それによりライダーはケガに備えることができ、同時におおいに動きやすくなる。

かつては筋肉および関節の受容器は、感覚伝達構造であると考えるのが一般的であったが、最新の研究によれば筋膜も筋組織の緊張状態の認識や関節位置覚に深く関与していることがわかってきた。

筋肉のなかには多数の受容器、とくにゴルジ腱器

側方運動には骨盤の柔軟性が必要

笑うと身体が緩む

官、パチニ小体、ルフィニ小体が格納されていて、それぞれの筋肉や関節の感覚を隣接した筋肉や関節の感覚と統合する。筋膜系は、静止時と運動時に身体を制御および知覚するための純粋な単一の受容器ではなく、複雑な混合による感覚器官とみなされている[*1-3]。

ライダーのメンタルへの影響

ライダーがウォーミングアップを行うことにより、身体面が最適化されるだけでなく精神面でも非常に大きな好影響が現れ、感情の安定につながる。ウォーミングアップは、興奮状態と不安や緊張状態を抑制する感情のはけ口の役割を持っている。この感情のはけ口としての機能は、緊張(震えやこわばり)といった身体の状態によってライダー自身や馬の動きが妨げられることを防ぐため、とくに馬術競技において重要である。

総括するとライダーのウォーミングアップは精神的な活性化状態をもたらし、ライダーを精神的、肉体的、そして感情的に活発にさせる。学習、レッスン、トレーニングには最適なコンディションが存在する。したがってウォーミングアップは、ライダーのメンタルセットや学習とパフォーマンス状況への順応に役立ち、動作全般に対する意欲を呼び覚ましてくれる。このウォーミングアップにより身体を活発にすることで、自分をライダーに仕立てていくことができる。

ウォーミングアップは
ここに気をつける！

年齢

　ライダーの年齢に応じてウォーミングアップの内容、時間、強度は変わる。高齢のライダーは身体の弾性が弱まっていてケガのリスクが高まるため、ウォーミングアッププログラムをより慎重に、かつゆっくりと負荷を高めながら行う必要がある。高齢者の自律神経領域は、子どもや青少年と比較して臓器機能がゆっくりと調整されていくため、ウォーミングアップにも時間をかけなければならない。

時間帯

　ライダーごとのバイオリズムにより、ウォーミングアップにかける時間は変化する。眠っているときには身体機能は弱まるか完全に止まってしまう。そのため、午前中は臓器の働きと筋肉の伸展性および関節の可動性が弱まる。したがって、ライダーのパフォーマンスが万全に整うまでにはかなりの時間が必要であり、昼過ぎまでかかる。血流量の増大と体温の上昇は午後3時ころに最大化するため、遅い時間になるにつれてウォーミングアップの時間は短くて済む。

気温

　時間帯に加え、さまざまな気候条件がウォーミングアップに必要な時間と強度に作用する。気温が高ければ短く弱くなり、雨と寒さは長く強くする。気温が低いときは気候に応じた服装をすることで、ウォーミングアップの時間を短縮することができる。ライダーが汗をかいたからといってウォーミングアップに代わるわけではない。

さまざまな走り方で柔軟性が向上する

ライダーの精神状態とタイプ

ライダーの精神状態もウォーミングアップに必要な時間と効率性に影響を及ぼす。達成すべき目標が重要になると、競技開始前のライダーの精神状態は悪化しやすい。ホルモンが使い果たされると安静代謝から活動代謝への切り替えが促される。ライダーの内的な興奮状態は筋組織の緊張状態および血管の収縮と拡張に大きな影響を及ぼす。興奮状態を増進させていくのか抑制させていくのかは、ライダーのタイプによって異なる。

ウォーミングアップは常にネガティブな緊張状態を調整するように働く。

ウォーミングアップの時間と量

ライダーのレベルに応じてウォーミングアップの時間を延長ないし短縮する必要がある。日常的に自分の課題に対策しているライダーは運動量を少なくしてよい。神経系、筋肉系、関節系に関連する全体的な状態がウォーミングアップによる刺激に積極的に順応するからである。

ウォーミングアップの種類

> **ねらい**
> 一般的なウォーミングアップは心血管系、体温の上昇、呼吸システムの向上および関節包、靭帯、腱、軟骨の各組織にプラスの影響を与える。

一般的なウォーミングアップ

　一般的なウォーミングアップでは大きな筋肉群を柔軟にする必要があるが、その際に動かすのは筋肉群であって、1つひとつの筋肉は騎乗プロセスに直接の関連性はない。身体の全体的な能力をより高いレベルに引き上げるために、身体中のすべての筋肉群を意識しなければならない。このようなウォーミングアップで行うエクササイズは何度も繰り返す必要がある。心血管系を適度に刺激し、身体の深部体温を徐々に最適温度まで上昇させるためである。その際やり過ぎないようにし、バリエーションを多くするためさまざまな筋肉群につぎつぎと負荷をかけていく必要がある[*4]。

特別なウォーミングアップ

　このフェーズは乗馬と直接的に関係する。この

片脚跳びと両脚跳びで全身の整合的作用が高まる

1 "頭と反対方向に視線を向ける"エクササイズは脳の柔軟性を高める
2 メンタルトレーニングは運動感覚を向上させる

ウォーミングアップによって筋組織の内部摩擦は弱まり、筋肉の緊張は軽減され、乗馬に必要なコーディネーション能力が整う。

ここに示すウォーミングアッププログラムの基本構成では、ライダーの身体を主要な6つの領域に分ける(21ページの"6ポイントプログラム"参照)。リラックスできずに過度に力んでしまうライダーは、その領域をプログラムに追加してもよい。

精神面のウォーミングアップ

精神面のウォーミングアップは全体としては軽視されている。具体的には行動観察トレーニングとメンタルトレーニングをさす。

行動観察トレーニングとは、運動の知覚を改善するために一連の動きを観察することである。動きの誤りは常に動作(または構想も含めて)のイメージが前もってできていないことから生じる。メンタルトレーニングでは、観察なしに身体の動きを頭のなかで通しで行うことが大切である。

ほかのスポーツの場合、これらのウォーミングアップがなくては競技が成り立たないだろう。たとえばスキー滑降の選手が、本番の競技前にコースマップを頭のなかに入れず滑降のイメージを何度も繰り返していなかったら、事故につながったりコースを間違えたりすることは想定できる。

選手は動作に困難が生じないよう、コース上のあらゆる問題箇所を予測(前もってイメージ)しなくてはならない。リュージュやボブスレーの選手も同様である。スタート前に眼を閉じている選手の姿をテレビで見かけたことがあるだろう。彼らはスタートからゴールまでの流れをイメージのなかで体験しているのだ。

これらの効果は「カーペンター効果」または「表像および随伴運動」とも呼ばれる。カーペンターは、人はすでに習得した動きに関心を向けて観察していると、心のなかで無関係でいることができなくなり、感情のままそれを遂行してしまうということを研究した。視覚によって認識される外部イメージは体内

> **積極的な疲労回復—**
> **クーリングダウンプロセス**
>
> 　身体的な負荷が高まった運動後は、体、心、感情をゆっくりと正常な状態に戻していく必要がある。クーリングダウンプロセスを行うことでそれらは正常な状態に戻っていく。クーリングダウンプロセスを行うと、トレーニングや競技後のストレスに対するネガティブな兆候が減少し、その後のパフォーマンスに向けた状態がさらに整う（詳細については、104ページの"積極的な疲労回復プログラム"で紹介する）。

の随伴運動をもたらすということである。

　動作が行われているところを観察し、純粋に頭のなかで表像することによって、いわゆる観念運動性反応が起こる。これは、ライダーが自分で乗馬をしているのと同じ生化学的なプロセスが体内で起こることを意味する。この反応が起こる前提条件は、そのライダーが基本的な動きをマスターしていることである。

　これにより内部プロセス（構想）が洗練されて結果の質が向上する。動作の誤りは常に心のなかで立てた計画の誤りにより生じる。したがって、精神面のウォーミングアップは乗馬の重要な基礎となる。

ウォーミングアップの基礎—
6ポイントプログラム

　「6ポイントプログラム」を考案したのは、ライダー養成の現場から騎座を素早く改善するための短時間でできるプログラムの要望を受けたからである。

　人の6つの身体要素を、ライダー養成のためのトレーニング構造ととらえる。その順序はライダーの課題に応じて変えてよい。6つのポイントはライダーの身体を結ぶ「ノード（ネットワークの接点）」を意味し横断して取り組むことで、インストラク

地上の6ポイントプログラム
1. 頭と首まわり（頭、喉、首）
2. 胸骨領域と胸郭
3. ゴルジ腱器官（筋肉、腱）
4. 仙腸関節の可動域を広げる
5. 骨盤の可動域を広げる
6. 脚扶助を使った正しい推進

馬上の6ポイントプログラム
1. 頭と首まわり（頭、喉、首）
2. 胸骨領域と胸郭
3. ゴルジ腱器官（筋肉、腱）
4. 仙腸関節と骨盤の可動域を広げる
5. 大きな関節を柔軟にする
6. クロスコーディネーション、脚扶助を使った正しい推進、身体の長軸まわりの柔軟性

監訳者注
クロスコーディネーション
スポーツでよく使われる用語で、特定の動作や技を効果的に実行するための、身体の異なる部分や異なる筋肉グループとの同期や協力をさす。異なる方向や平面での動きを調整する能力を含む。スポーツトレーニングやパフォーマンスでは、クロスコーディネーションエクササイズが、敏捷性やバランス力、全体的な運動能力を向上させるためによく使用される。

ターは可能なかぎり短時間でライダーの騎座を改善することができる。ここで強調したいのは、それぞれのポイントは相互に機能的につながっているということである。

たとえば、頭の関節や頭蓋骨をマッサージするとライダーは首頸部が変化するだけでなく、骨盤を使った馬へのアプローチ方法が変わったり、踵が弾むような動きに変わったりする。

頭の関節がひらくと、頭から踵までにあるすべての関節が柔軟になる。胸部（とくに第5胸椎）を動かすと、第5腰椎から仙骨への移行部もひらき、上半身と骨盤がより柔軟になる。さらに肩も変化して、騎乗時に曲線をえがいて回旋させる動きが容易にできるようになり、ライダーは手綱扶助をより緻密にできるようになる。これらの機能的連関は、筋連鎖および筋膜接続をとおして働く。

"頭と反対方向へ腕を動かす"エクササイズは上半身の柔軟性を向上させる

頭の関節を柔かくするとリラックスできる

ポイント1　頭と首まわり（頭、喉、首）

　頭（脳）は身体の制御器官として最たるものである。つまり、頭が主導権を握り身体がそれに従う。残念ながら、現代では頭と首の位置が最適でない人が多いため、このプロセスが上手くいかなくなっている。まずは額の筋肉からはじまる。額の筋肉にしわが形成されると、こわばった骨盤底筋と反射的に結びつき、骨盤は動かしにくくなる。咀嚼筋（こめかみや頭皮も含む）を使いすぎると首まわりがこわばるだけでなく、身体の長軸を中心とする頭の回旋運動の自由が奪われ、骨盤の可動性はほぼ完全に失われる。そうなるとライダーは柔軟な騎座を保つことができず、自らを馬の動きに一体化させることができなくなってしまう。

　頭の関節と頭蓋骨は、ライダーの全身の振動と身体の長軸まわりの柔軟性に大きく貢献している。頭

> 監訳者注
> **身体の長軸**
> 頭から足まで引いた身体の中心線のこと。

頭の関節

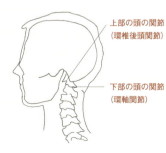

上部の頭の関節
（環椎後頭関節）

下部の頭の関節
（環軸関節）

馬上の6ポイントプログラム

1 頭と首まわり（頭、喉、首）

4 仙腸関節と骨盤の
可動域を広げる

5 大きな関節を柔軟にする

ライダーのウォーミングアップ 25

2 胸骨領域と胸郭

3 ゴルジ腱器官（筋肉、腱）

6 脚扶助を使った正しい推進

の関節は上部と下部の関節で1つの関節を構成している。上部は頭蓋骨から第1頸椎、つまり環椎の移行部分（環椎後頭関節）である。下部は横軸方向へ第1頸椎（環椎）から第2頸椎（軸椎）への連結をしている関節（環軸関節）である。

上部の関節はおもに前と横方向の直線運動のみに機能するが、環椎の配置によっては環椎と軸椎の間の回旋運動、長軸を中心とした回旋運動、全身の振動にも機能している。頭の関節はライダーが進行方向のやや下方に視線を向けたときのみフリーな状態になる。

多くのライダーは、日常生活で首を回す筋肉を誤って使い頭を回旋させているため、頭蓋骨まわりに緊張を感じている。最適な回旋運動を行うと同時に頭から足、足から頭までを振動させるためには、頭の関節をひらき頭蓋骨まわりの緊張をほぐす必要がある。頭の関節への負荷、および頭蓋骨まわりの負荷を取り除くことで咽喉・後頸部と上半身が軽くなる。さらに骨盤の位置が変化して弾力性のある座り方になり、踵を下方に弾むように動かすことができるようになる。

すなわち、騎乗姿勢は常に全体として複合的にとらえなければならない。頭部が変化すれば、プラスにもマイナスにも足に影響を与えうる。同様の例として、鐙の位置（足の指の付け根のもっとも広い部分で足に対して直角に配置する必要がある）を変え

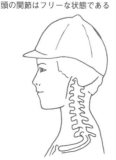

咽喉・後頸部は直立しており、視線はわずかに前方・下方に向けられている。頭の関節はフリーな状態である

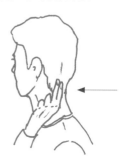

頭蓋骨のマッサージ。頭部の状態は足にも影響を与える

ると、頭までより良く振動する場合がある。鐙がつま先に近すぎると、全身を巡る動きの伝達が妨げられる。足指の関節を動かすことはできないし、足首の関節は動きを伝達できるほど自由ではないからである。

反対に鐙が踵に近すぎるとふくらはぎの筋肉が機能しなくなり、足から頭への動きの伝達がストップしてしまう。

ポイント2　胸骨領域と胸郭

馬の振動がライダーの骨盤から頭まで伝わる際、その振動は胸椎を通らないことがしばしばある。人の身体のこの部分は頸椎や腰部ほど柔軟性がない。胸郭を構成する肋骨は比較的硬く、いわば「コルセット」のようになって振動を拒むからである。そのため座っているときにこの部分に痛みを感じるライダーは多い。そうなると骨盤の動きも悪くなり、ライダーの動き全体の流れが止まる。胸部は肋骨によってその可動性が制限されており、集中的に動かす必要がある。

第5胸椎の開口（可動化）は第5腰椎から仙骨への移行部の自由度にも関与しており、とくに重要である。この移行部は骨盤の柔軟性に関わる。この移行部をライダーが自由に動かせない場合、ライダーは無意識のうちに馬の移行部の動きも妨げてしまう。たとえば駈歩で走行しているときに、馬は腰部を曲げてライダーの骨盤を反応的に動かさなければならない。

ライダーが骨盤でこのような反応的な動きをできなければ馬も腰部の屈曲が遮られるため、とくに駈歩での飛越や収縮のレッスンのときに問題が生じるだろう。

ポイント3　ゴルジ腱器官（筋肉、腱）

ストレスはライダーの筋肉や腱のさまざまな領域（ゴルジ腱器官）に伝わり、過度の緊張を生じさせる。この問題を古典的なストレッチ技術だけで解決

28　ライダーのウォーミングアップ

膝の腱を刺激する

監訳者注
随伴
馬の動きに合わせ、調和すること。

監訳者注
トリガーポイント
筋肉の緊張や過度のストレスによって生じる、特定の部位に存在する筋肉の硬化や痛みを引き起こす点のこと。

するのは難しい。このような高い緊張は"つまむ／揉む"のタッチで、僧帽筋、胸筋、内転筋（馬を挟み込む筋肉）、前部股関節屈筋に触れることで軽減でき、ライダーの調子は目に見えて良くなる。とくに「馬を挟み込む筋肉」と前部股関節屈筋をマッサージすることによってライダーは馬に深く座ることができ、骨盤がより良く随伴できるようになる。

最初はタッチが非常に不快に感じられるかもしれない。筋組織が癒着し、すでにトリガーポイントが形成されている場合もしばしばある。これらは筋肉の内側にある筋線維の肥大であり、反射作用としてまったく別の部位で痛みや動きの問題を引き起こす可能性がある（14ページの"筋膜系の機能"参照）。ライダーは自身の各部位の筋組織を毎日"つまむ／揉む"ことで刺激すると、数日後には不快な状態が顕著に修復される。

この基本的なマッサージはすべての筋肉および筋膜領域のゴルジ腱器官だけでなく、パチニ小体およびルフィニ小体をも刺激する。ライダーの可動性は比較的早く向上する。このようにして馬とライダー

両者の全身が振動するための土台がつくられ、ライダーのケガの防止にもなる。

ポイント4
仙腸関節の可動域を広げる

ライダーの筋組織全体のバランスがとれており相互に調和し機能していたとしても、仙腸関節が固まって動かないとライダーは馬と共振することができない（下図）。腰痛の多くもこの関節まわりに原因がある。

仙腸関節は人にとって重要であるが、それは仙腸関節が自然な動き、つまり立体的な動き（前後、左右、上下方向）を可能にも妨げもするからである。仙腸関節は頭の関節とつながっている。仙腸関節が固まって動かないことでライダーの動作から立体性が失われると筋膜の柔軟性も低下する。

ポイント5　骨盤の可動域を広げる

骨盤はエネルギーを受け渡しする、いわば身体の「モーター」としての働きを担っている（フェルデンクライスメソッド*5, 6による）。ライダーは"骨盤を使って"馬の背中とコミュニケーションをとっている。現代社会に蔓延する背中や腰などの痛みは、自分の骨盤を柔軟に使えないことで引き起こされている。とはいえ骨盤は、あらゆる動作を足から頭へ、頭から足へと伝達する媒体として機能している。骨

監訳者注
フェルデンクライスメソッド

創始者モーシェ フェルデンクライス博士は、「心地良い体の動きが"脳"を刺激し活性化させる」ことを発見し、1940年代に1つの体系化されたメソッドとして確立。以来、ヨーロッパをはじめ北米・南米・オーストラリアへと広がり、その実績は教育・芸術・医療など幅広い分野で評価され、現在では日本を含め世界中で活用されている。
このメソッドは身体に心地良い動き（呼吸や声、眼や口、腕や脚、背骨や骨盤などの部分的あるいは全身の動き）をとおして、全身の骨格や筋肉がどのように連携して動いているかを詳細に体験することで脳を活性化し、神経系をとおしてより自然で質の高い動きと機能を身につけていく学習のためのレッスンである。

仙腸関節を柔軟にする

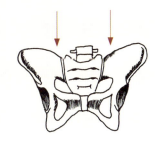

> **ねらい**
> 多彩なエクササイズをとおして、ライダーが本来の身体の動きを取り戻せるようにすること。

盤なくして、立体的な動き（前後、左右、上下方向）を行うことはできない。どれか一方向への動きが制限されてしまうと、ライダーは背中や腰に支障が生じ、ライダーを乗せている馬は、骨盤からの信号を正しく解釈できず、背中の動きが阻害されてしまう。

いわゆる胸腰筋膜には、上半身と下半身をつなぐ役割がある。この胸腰筋膜は、脊椎（背骨）に沿って上から下に仙骨まで走り、臀部で左右に枝分かれしている。背筋は、意識して動かすことのできない不随意筋である。背中の奥深く、脊椎に沿って位置し、普段の生活で腰を下ろすときにも、そして騎乗するときには、ライダーの直立姿勢を安定させる機能を果たしている。しかし、この自生的な筋肉は私たちが座っているときには、トレーニングとしてはあまりにも刺激がなさすぎるため弛緩してしまう。

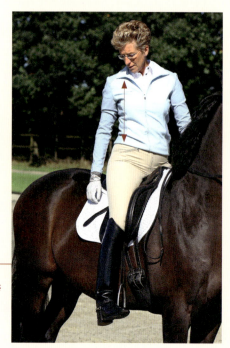

股関節と肩関節の連動
肩と腰を反対方向に回転させる（捻転姿勢）

胸腰筋膜は、弛緩した背筋に代わって姿勢を支える働きを担うため、過剰に無理がかかってしまう。この上半身の整合的な働きにより、身体の腹側の筋肉（胸筋、腹筋、腰筋）を収縮させてしまい、デスクワークの人やライダーはこれらの筋肉が衰えて、いわゆる猫背になってしまっている。

前述のとおり、骨盤は身体のモーターであるため、骨盤まわりを鍛えるという点に的をしぼったエクササイズを行えば、ライダーはふたたび身体全体を使って上半身をまっすぐに起こすことができる。そういった点でBalimoチェアは、胸腰筋膜を動きやすくするのに有効で、前述のような望ましくない不健康な姿勢を解消するのに役立つ。Balimoチェアは、不随意筋である背筋と骨盤底筋を鍛えるのに最適なトレーニング器具で、身体全体をまっすぐに起こし、人本来の立体的な身体の動きを取り戻すのに役立つ。

> 監訳者注
> **Balimoチェア**
> 人間工学的に正しい、まっすぐな姿勢を維持するための背中の深層にある筋肉を強化できる椅子。座面が動くことで自動的にバランスをとろうと筋肉が刺激される。そのほかにも血行の促進、柔軟性を向上させる効果も望める。

ポイント6
脚扶助を使った正しい推進

推進で使われる筋肉群は、太ももの裏側の筋肉である。馬上で股関節回旋筋を使って、左足のつま先は時計の短針の11時、右足のつま先は1時をさすようにほんの少し脚をひらく。

足の指の付け根のもっとも広い部分を鐙にかけて、脚全体を股関節から馬体につけてぶらぶらとゆるく垂らす（馬術の必須条件）。太ももの裏側の筋肉を使って膝を曲げるとふくらはぎが馬体につく。ライダーはふくらはぎを素早く、繊細に使い、脚が馬体に触れた後はすぐにリラックスした状態でストンと下に垂らさなければならない。

太ももの屈筋群は、ふくらはぎの筋肉の自然反応的な緊張と緩和をつかさどっているため、踵は正しい脚扶助の際には、一定して理想的に上下に動く。つまり"弾む"ように動く。

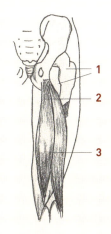

大腿筋群
1 大腿二頭筋
2 半腱様筋
3 半膜様筋

一般的なウォーミングアップエクササイズ

- スキップ（膝を上げる）や踵上げ（踵を尻に打ちつけて走る）などのランニングフォームで行う、走りながらのエクササイズ（13ページの写真）
- あらゆる方向（前進・後進・前・後・横・斜め前方向）に走り、さまざまな方法でできるだけ多くの筋肉に負荷を与える（18ページの写真）
- 片足・両足で飛び跳ねる、前・後・横方向（19ページの写真）、跳躍運動
- ジャンプしながら走る（左から右にジャンプ、その際通常より長い歩幅にする。3）
- 前方へホップしながら走る（ホッピング走）を、両腕を平行にしなやかに、ゆっくりと前・後方向に回す動作と組み合わせる（5）
- 股関節を捻りながらホップして走る（ホッピング走。4）
- 身体を捻る横走り
- 足の感覚をつかむ（足の指の付け根、踵、足の外側、内側で歩く。1、2）
- 胴部の感覚をつかむ（上半身をまっすぐ・曲げる、

1、2
足のエクササイズ。足の指の付け根および踵で歩く

ライダーのウォーミングアップ 33

上半身を前に出す)、その場でホッピングとジャンプ、縄跳び、キャバレッティを使用した軽いジャンプ
- 蛇行走(1人の後ろにもう1人〔ほかの人たちが〕1列に並んで先頭について走る)
- シャドウラン(1人が走り、2人目がすぐ後ろを前の人の影のように忠実についていく。ライダー同士がペアになるとよいトレーニングになる)

ライダーはほかのエクササイズを考えることもできる。ここに提案したエクササイズにはさまざまな動作が含まれていて、組み合わせることでライダーの興味や希望に適ったエクササイズができるようになっている。

3 ジャンプ走り
4 身体を捻りながらのホッピング走
5 腕を回しながらホッピング走
6 左腕は前方に振り上げ、右脚は後方に蹴り上げる

ただし、この段階で疲労の兆候が出てきてはいけないため、1つの筋肉にばかり負荷をかけないようエクササイズごとに十分配慮する。

特別なウォーミングアップエクササイズ

ここでは、エネルギー面および精神面のコンディションを整えるエクササイズを紹介する。

まずエネルギーの回路と脳の最適な機能をつくり出すエクササイズ。体の左右、上下、前後のエネルギーバランスを整えることをねらいとしている。このエクササイズはクロスコーディネーション能力の向上に役立つ。

現代人一般に特徴的な問題として、身体の長軸まわりの柔軟性と骨盤の不完全な運動パターンがあげられる。

ライダーが身体の長軸まわりを柔軟に回旋できな

1 右手は身体の後ろで左の踵に触れる。2 左手は横に曲げた右膝に触れる

い場合、ライダーは曲線運動を行ったときに身体を馬体の動きに随伴させることがほぼできない。それはライダーの騎座がひらいているからであり、外側の肩が馬との一体的な動きについていけていない。つまり肩が後ろに流れている。このときライダーは捻転姿勢で座っていないのである（捻転姿勢ができていると、ライダーの肩が馬の肩と平行に、ライダーの骨盤の線は馬の骨盤の線と平行に保たれる、つまり腰と肩が反対方向に捻れる）。こういったコーディネーション能力のための最初のエクササイズは、すでに紹介した一般的なウォーミングアップに含まれている（ホッピング走、捻りをともなう横走り）。特別なウォーミングアップをはじめる前に重要なのは、人の脳とエネルギー両方の回路を刺激することである。

なぜなら筋肉の機能は最終的には脳によって、そして全身を巡るエネルギーの流れによって促進されるからである。

習得すべきすべてのエクササイズによって、身体だけでなく、なによりも脳を鍛える必要がある。

クロスコーディネーション能力を
向上させるキネシオロジーエクササイズ

1）クロスオーバー（対角線の動作）

片方の腕と反対側の下腿を交互に動かす。その際、身体は前・後・横方向に移動する。視線はその動きに付随してあらゆる方向に動かす。手は身体の正中線を横切るようにして反対側の膝に何回か運ぶ。同様に身体の後ろで反対側の足に触れる動きも行う。

2）さまざまな形での這う動き

地面に膝と手をついて四つん這いの姿勢をとり、つぎに肘と膝をつけ、その後うつ伏せになる。（36ページの3〜5参照）。

監訳者注
キネシオロジー

運動学や運動科学という意味で、おもに身体の運動や動作に関する学問領域をさす。一般的に、キネシオロジーは身体の動きや運動パフォーマンスの解析、改善、管理に焦点を当てている。

36　ライダーのウォーミングアップ

3）**レイジーエイト**　152 ページ参照。

4）**ブレインボタン**　156 ページ参照。

5）**バランスボタン**　157 ページ参照。

6）**スペースボタン**　157 ページ参照。

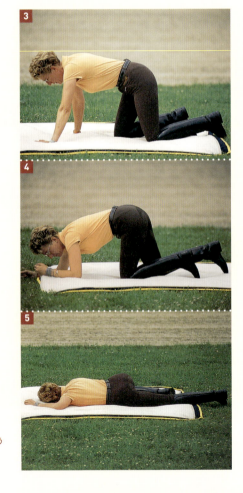

3 手と膝をついて這う
4 前腕と膝をついて這う
5 うつ伏せで這う
　（ほふく前進）

ストレス解消のためのエクササイズ

ライダーは馬術のトレーニングや競技の前にストレスを解消し、精神面を最適に整えておく必要がある。そのためのエクササイズを以下に紹介する。非常に簡単に活用でき、精神面の最適なコンディションをつくりあげるのを助けてくれるだろう。

笑う

ライダーは笑うことで自らをポジティブに保つことができる。笑うと顔面から首まわりを通り骨盤、そして足までの筋肉の相互作用が活性化される。笑顔のライダーは常に柔軟な動きをしている（147ページの写真参照）。額の筋肉は反射的に骨盤底筋と結びついているため、眉間に「しわの寄った」深刻な表情をしていると、ライダーの身体の柔軟性は阻害されてしまう。

ポジティブに考える

笑うことに加え、ポジティブな感情を引き出す考えや心地良いと感じることは騎乗姿勢の柔軟性（緊張がほぐれてリラックスしていること）にもよい影

健康は笑うことから！

響を与える。馬と調和がとれるのはリラックスした
ライダーだけである。リラックスした状態をつくる
ことが感性豊かな乗馬を実現する第1歩である。

舌を上顎に押し当てる

　人の舌はストレスのバランスを調整することがで
きるため、感性豊かな乗馬では舌の重要性が増す。
舌の先端を上顎切歯（前歯）の約0.5cm後ろの口蓋
にそっと押し当てると（強い圧をかけずに軽く）身
体エネルギーは常に損なわれず、中心に集まる。

　それゆえ生活のなかの重要な場面や騎乗中は、常
に舌の機能に注意を払う必要がある。舌は調和を保
ちストレスの軽減に役立つため、感性豊かなライ
ダーの座りの基礎づくりにも大切である。

試してみよう！

　片足で立ち誰かに腕をそっと引っ張ってもらう。
すると、バランスがすぐに崩れてしまう。舌を口蓋
に当てて同じテストをしてみよう。すると、どれだ
けしっかりと立つことができるかに驚くはずだ。相
手はあなたのバランスを崩すために、かなり強く
引っ張るに違いない。
注意　口蓋に舌を強く押しつけると首が痙攣するこ
とがあるので注意しよう。

胸腺タッピング

　胸腺をコツコツと叩くことでストレス状態にある
人が理不尽なプレッシャーから身を守り、感性豊か
な乗馬のための土台を整えることができる。拳の指
関節で胸骨を数回ノックする要領で叩けばよい。そ
うすると反射的に胸腺が活性化される。気づかない
うちに受け取るストレスから身を守るため、誰もが
このエクササイズを1日に数回行うとよい。とくに
強いストレスが感じられる場面でも、このようなメ
カニズムを知っておけば自分をストレス状態から解
放することができる。

ハミングする

　ハミングすることで身体がもともと持っている振動が起こしやすくなる。人の身体のなかでは常に振動が駆け巡っている。ストレス下では振動数が過剰に高くなり、人は震える。振動数が低すぎると過度に無関心にふるまったり、何もしないか反応していないような素振りをしたりする。

　最適な振動のもとではライダーはバランスを保っていられる。すでに自分のなかでできあがっている動作の流れが突然止まってしまうような状況には、誰でも心当たりがあるだろう。ハミングはそんなときにも重要である。ハミングすると中断した動きがふたたびすいすいと動き出す。これは潜在意識に眠っていたパターンが呼び起こされるからである。たとえ乗馬インストラクターが怒って喚き散らしても（彼にだって虫のいどころが悪いときもある）、ハミングすれば自分の身を守ることができる。つまり過度なプレッシャーを自分のなかに取り入れずにいられる。

　私の知り合いにグランプリレベルのライダーがいるが、彼女は成功を引き寄せるものとして胸腺タッピングとハミングの両方を信頼して活用している。

胸腺タッピングがストレスから身を守ってくれる

しなやかで安定した動きの流れをつくる

　本書にまとめられたエクササイズや運動課題は、ライダーが自分の身体の感覚を十分に研ぎ澄ませ、自分の身体に対する感性を養い、的を絞ったきめ細かな動作を見定め、状況に応じた行動をとれるようになることが目的である。そのため特別な方法で行う必要がある。こういったスキルはさまざまな動作パターン（予測不可能な状況も含む）に適応し、さまざまな扶助を馬に伝達するための土台となる。

　ただ身体を鍛えればよいというわけではない。なによりも脳の機能をより研ぎ澄ませるものでなければならない。脳の自己組織化が向上すると、より質の良い多様なインパルス（電気信号）がニューロン（神経細胞）から筋肉に伝わるようになる。これが動作パターンの質を高める唯一の方法である。

さまざまな態勢で腹ばいの動作を行う

> **監訳者注**
> **脳の自己組織化**
> 脳が外部からの情報を受け取り、その情報をもとに内部で自律的にパターンを形成し、組織化された構造や機能を発展させるプロセス。

この文脈では、脳の自己組織化については「自動化（Automatisation）」という単語よりも「内面化（Verinnerlichung）」という単語のほうがふさわしい。内面化とは、感知機能による意識的なプロセスの認識、目標を定めた行動のプランニング、そしてそれらを馬に伝達することをいう。人の運動プロセスは機械のようには進まない。馬術の動作パターンが本当の意味で「自動化」されているのであれば、刻々と変化する状況と馬のコンディションにライダーは順応できないだろう。

乗馬では全く同じ動作パターンは二度と起こらない。これらの理由からバリエーションなしでエクササイズを反復するのは誤っている。ライダーは脳内に定型化された動きのイメージがあると、固定された動作パターンだけでしか反応できなくなるからである。

同じエクササイズを同じやり方で何度も繰り返してバリエーションなしに行うと、スピードや強さといったさまざまなエネルギー領域や、調和性や可動性といった機動的能力において、運動の妨げにつながる[2, 7-16]。

ここでのコンセプトでは、ある筋肉をほかの筋肉と切り離して単独で考えるのではなく、常にライダーの課題全体に関わっているほかの筋肉と連携させて働きかけることを目指している（相乗効果）。筋肉だけを目一杯鍛えてもただ筋肉が強靭になり伸張されるだけなのは当然である。ただしその後、これらの筋肉がふたたび調和的に連動して動くようになればなにも問題はない[2]。動作パターンも乗馬も常に総合的にとらえる必要があるからである。

エクササイズの基本方針

実践編で紹介されているエクササイズを行うときは、以下の基本方針を考慮する必要がある。この基本方針はここにしか記載しないが、トレーニングやエクササイズの際は常に念頭に置いておく。

運動範囲を変える

エクササイズは常に運動範囲を変えて実行する。常に運動範囲を変化させていると、筋肉と関節の柔軟性と可動性が高まってくる。筋肉と関節に多角的に負荷がかかり、さまざまな刺激により脳が多様なインパルスを運動器官の筋肉に伝達するからである。

テンポを変える

エクササイズはゆっくりとしなやかに行う。そうすることで動きの質が向上する。脳は速い動きよりも遅い動きに追従しやすい。そのため、まずはゆっくりからはじめてテンポを変えていく。あるいは、はじめは勢いよくエクササイズを行い、その後非常にゆっくりへと変えてもよい。動きが遅いほど使っている筋肉の筋線維が多く使用される。活発な動作のためにはおもに筋腹（筋肉の中央のふくらんだ部分）を鍛えるが、筋肉の全体を十分に動かすことができず、一様には鍛えられない。

さまざまな姿勢をとる

さまざまな姿勢と体位でエクササイズを行う。ライダーは多様な速度と姿勢で動作を行うことを覚えると運動感覚を養える。実行するエクササイズのバリエーションが豊かになるほど、脳はより柔軟に作動し反応する。すると脳は馬や状況に予期しない変化があっても、適切なインパルスを発することができる。動作の変化に対する神経回路の細分化は、エ

クササイズをとおしてすでに脳内に準備されているからである。

モンキー乗り（204ページ参照）で上半身を捻るようなクロスコーディネーションエクササイズは、姿勢を変えることを試すのに適している。脳が自己組織化することを学習できるように、さまざまなプロセスをできるだけ柔軟に切り替えられるようにしておく必要がある。

動くのではなく、動かされる

身体のある部分または身体全体を受け身的に保つ、つまり外側から加えられる力によって動かされるということをさす。

一般に、ライダーが自らの意志によって身体を動かしているということは、さまざまな科学理論が証明している。ライダーはあらかじめ自分の動作を考えておき、それを実行し、困難が生じたときには自分の誤りに気づき、可能なかぎり自分で修復しなければならない。しかし、新しい運動構造を習得したり、すでに身体に定着した運動構造を変えようとしたりするような特定の場面では、「動かされる」ことが必要になってくる。もし身体のそれぞれの部分

1、2 腕の位置を変えて頭を上半身と反対方向に回旋させる

が外部から「動かされる」場合、ライダー自身のなかにできあがっているシステムに従って正しく「動く」ことができないならば、脳のなかにはニューロンの新しい回路がつくられる。

左右差および左右を頻繁に切り替える

エクササイズは左右両側で行うこと。身体全体のバランスがとれるよう、すべての動作は常に左側と右側で行う必要がある。そうすることでライダーは身体全体が敏感になり、右脳と左脳が互いによく調和して全身をより協働的に扱うことができるようになる。

どんな人にも得意な側というものがあるが、得意な側ばかりに偏ってしまうと、左右差が意図せずどんどんひらいてしまう。しかし左右差があるからといって苦手な側を動かすことばかりに固執してはいけない。それはなんの改善ももたらさない。脳から実行器官へ送られるインパルスが適切でない場合は、変化(改善)ではなく安定化に向かうため、得意な側との差は埋まらない。

そのうえ、左右差はストレスになることもある。最初に得意な側を優先して数回行い、その後に苦手な側で少し試してみるだけで、ライダーは苦手な側を改善することができる。何度か交互に行うと左右差はすぐに改善される(両側性転移[*17])。

3 首は手を添えると動かしやすい
4 モンキー乗り

緊張の有無の認知と力の入れ具合の変化

動くときに力の入れ具合に差をつける。ライダーの緊張は筋肉への力の入れ具合を変えることで打開できる。エクササイズはまず筋肉に力を入れて行い、つぎにできるだけ少ない力でさらっと行う。力の入れ具合を変化させることでライダーはようやく自分の緊張を感じ、筋肉をより繊細にかつ多様に使うことを学ぶ。

座り方のバリエーションでバランス力が促進される

バランス力の欠如と促進

　極端に騎座のポジションを変えることでバランス力を鍛える。バランスエクササイズも常に変化させて難易度を上げていく必要がある。ライダーが騎座のポジションを常に変化させてバランスを保とうとすれば、ほかのすべての感覚の感度も高まる。バランス力は運動感覚の土台となるため、馬上でいくつかのエクササイズ（鐙の高さをさまざまに変えてモンキー乗りをする）を行うことでも運動感覚が冴えてくる。

　バランスがとれない人には運動感覚を掴むことはできない。

感覚の分化と排除

眼を閉じて、内なる声を聞く

　いくつかのエクササイズでは眼を閉じるか耳栓を使用してみる。一部のエクササイズは支配的な感覚（眼による統制など）のスイッチをオフにすることで、「内的な眼（運動感覚）」を訓練することができる。同様に耳で感じとる平衡感覚を弱めれば、「内的な耳」を澄ますことができる（澄まさざるを得ない）。このようにライダーは感覚をより内側に向けられるようにして感受性を高め、内的な眼を養う[*18-20]。

多彩なウォーミングアップ
プログラム

多彩なウォーミングアッププログラム　　47

　ここから紹介するプログラムは、実際のレッスン課程で体系的に用いられ、確かな手応えがあったものばかりである。長期間にわたって実践した場合には、ライダーの身体が鍛えられるだけでなく、脳内に新しい構造的なつながりができあがる。これによりウォーミングアップの時間が短縮でき、競技中の一連の動作、流れがより早まりミスが減り、調和のとれた騎乗ができるようになる。

　対応する身体の部位に新しいつながりを「目覚めさせる」のであれば、ウォーミングアップの段階で1つのエクササイズだけを行えば、成果を出すには十分なこともある。とはいえ、これらのプロセスを即座に呼び出せるようになるには、ライダーの脳と身体の機能プロセスが数週間にわたってこれらの運動プロセスに適応していなくてはならない。エクササイズは身体だけでなく、なによりも脳に働きかけるべきである。不正確で逆効果になるように癖がついてしまった動作や流れも、変えることができる。

　1つのプログラムだけに取り組むのは、長期にわたれば退屈だろう。さらにプログラムは、コンディションの異なるライダーたちにとっては、部分的にでもさまざまに集中的な効果を発揮する。プログラム3よりもプログラム2のほうがウォーミングアップの効果を感じるライダーもいれば、プログラム1がとくに適しているライダーもいる。エクササイズ

地上のウォーミングアッププログラム

　プログラム1～3は、いわゆる6ポイントプログラムの土台である。

　プログラム4は、これ1つで力をつける段階（フェーズ）を網羅する。つまりプログラム4ではエクササイズにより、筋肉に足りないところがあっても乗馬中のバランスを保ちリラックスできるように、筋肉バランスの不均衡を補うことができる。

　プログラム5は、出生前および幼少期を思い出すエクササイズである。人

はこれらの時期には、自然で遺伝子システムに則った最適な動きをしていた。これらのパターンは私たちの潜在意識のなかに残り続けていて、ライダーはエクササイズにより、自然で自由な動きを取り戻すことができる。

　プログラム6は、大きな関節すべてを柔軟にするプログラムである。

　プログラム7は、1つのプログラムで、身体の長軸まわりの柔軟性およびクロスオーバー（対角線の動作）をカバーしている。

のさまざまな効果は、ライダー自身が見つけなければならない。

プログラム1　身体構造を意識する

1. 頭と首まわり（頭、喉、首）

小刻みに動かす

坐骨を立てて座る。腕はリラックスして身体の側面に沿って垂らす。つぎに頭を素早く、非常に小さく（約1～2cm）、左右に小刻みに動かす。そのとき首、頭部の筋肉は緊張させないで、できるだけ少ない力で「動作」させる（ぷるぷるのゼリーを想像する）。この震える動きを約1分間行う。まず、通常の位置（まっすぐ前を向いた状態）で頭を揺らしてから、このエクササイズに変化をつける：首を少し左に回し、それから少し右へ回す。

頭と眼を反対方向へ回転させる

"小刻みに動かす"と同様に、頭を左右に動かす。その際、眼は頭と反対方向に向ける。このエクササイズを左右両側で10回ずつ反復する。動きのテンポは変えて行う。

頭の関節のマッサージ

上部の頭の関節（環椎後頭関節）と下部の頭の関

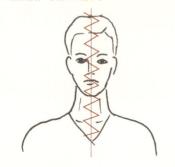

頭を左右へ小刻みに動かす

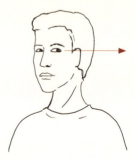

頭は右へ回転させ、眼は左側を見る

多彩なウォーミングアッププログラム 49

頭の関節の両側をマッサージする

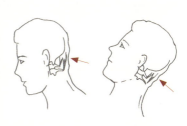

左手中指で押して前後にストレッチする

節（環軸関節）領域の緊張はマッサージをすることによってほぐすことができる。両手の薬指、中指、人差し指を使って、頭蓋骨と第１頸椎の間を刺激する。

その後、別のストレッチを行ってもよい：左手の中指の指先で頭の関節のあたりに触れ、右手の中指の指先を左手の中指の上に置く。横に肘を張ってグッと力を込めて押す。同時に頭を前後に少し（最大 30°）傾けてストレッチする。それぞれのポーズは 10 秒間保つ。全体を３回繰り返す。

頭蓋骨のマッサージ

緊張は、頭蓋骨のマッサージを行うことでもほぐすことができる。この領域はゆっくりと、しかし集中的にマッサージする必要がある。ほとんどのライダーは頭部を回旋させる動作に誤りがあり、それが

頭蓋骨の片側 / 両側をマッサージする

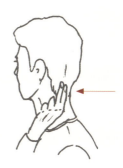

回旋運動により可動域を広げる

この領域を強く緊張させている原因である。マッサージする際、おそらく最初は痛みを感じるだろう。しかし、1日数回マッサージすることですぐに柔軟になるはずである。

2. 胸骨領域と胸郭

**視線を手に向けたままにして行う、
身体の長軸まわりの柔軟性**

　右腕を肩の高さで前に伸ばして、肘を軽く曲げ（約90°）、手首を曲げてだらりと下げる。手は眼の前50cmくらいのところにある。エクササイズ中は、眼は手首を見たままにする。

　腕を – 視線は手に向けたままにして – 脱力し左右へと導く。このエクササイズは10回繰り返し、その後左腕でも同じように行う。両腕で行うと、身体の側面のバランスがとれるようになり、輪線上での身体の柔軟性が向上する。

自主的に頭部を動かす

　上述のエクササイズと同じ開始姿勢をとる。右腕を左側へ運べるところまで導く。眼は手を見たままにしてこの姿勢を保つ。つぎに頭だけをさらに左に回旋させてから、眼は手を見たままにして、腕と頭

頭は上半身を越えてさらに回旋する

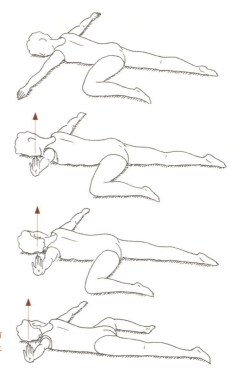

頭と脚の位置を変え、手首を曲げて、伸ばした腕を上げる

をふたたび開始姿勢へ戻していく。10 回繰り返し、その後左腕でも 10 回行う。

「鷲」のポーズ

うつ伏せになり、頭は右頬を下にする。腕を肩の高さで胴部と十字形になるように大きくひらく。左脚は身体の側面の安定した位置に引き寄せる。つぎに力を入れずに左腕を床からできるだけ高く持ち上げ、後で参考にするため床と腕の角度を記録しておく。そして、まず左手を手首のところで上に曲げ、腕をできるだけ上方に上げる（その際動かしづらさを感じたらそれに反発しようとしたり、無理に押し上げようとしたりしない）。

ここまでの流れを 8 〜 10 回行い、左頬が下にな

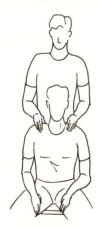

僧帽筋を自分で刺激する、または2人1組となって行う

るように頭をくるっと返す。左腕でさらに8〜10回繰り返すが、今度は（右頬下より）簡単には持ち上がらない。脚の位置を変えて、つまり左脚をまっすぐにして、右脚を身体の側面の安定した位置に引き寄せて、左腕でエクササイズを続ける。この動きはより困難になる。最後に頭は右頬を下にし、脚を入れ替えて左脚を引き寄せる。左腕をふたたび上げてみる。最初と比べてスムーズに上がるのがわかるはずである。つぎにすべての流れを右腕でも行う。

3. ゴルジ腱器官（筋肉、腱）

肩、胸筋をほぐす

親指と人差し指または中指で僧帽筋を"つまむ／揉む"ことで「神経反射」をほぐすことができる。タッチはパートナーにしてもらってもよい。できれば朝、ベッドの上で、マットレスの上に肩が乗った状態で、重力に逆らわないでいられるようにして行う。こうすれば、胸の筋肉もリラックスできる。上半身の上部は前に引っ張る。

注意　"つまむ／揉む"のタッチは、最初はとてもくすぐったいような、なんとも不快な感じを受けるだろう。だが、日々行えば不快感はすぐに改善される。

胸筋を刺激する

多彩なウォーミングアッププログラム　53

前部の股関節屈筋をほぐす

緊張を軽減することで股関節屈筋もより柔軟になり、骨盤が前傾しすぎたりブロックしたりすることがなくなるため、骨盤がより良く随伴できるようになる。骨盤全体がより柔軟になる。

座っているときに足を床から離すと、前部の股関節屈筋を感じることができる。これが、太ももを伸ばすことで股関節屈筋が緊張した状態である。ふたたび脚を下ろし、筋肉の上を指先で揉むようにして左右にさする。

これが非常に不快に感じられる場合は、慎重に徐々に力を込めるようにしていく。毎日の取り組むと、股関節屈筋はすぐにしなやかになる。

内側の股関節屈筋の緊張をほぐす

内側の股関節屈筋（馬を挟みつける筋肉、内転筋）は"つまむ／揉む"ことで緊張をほぐすことができる。親指と人差し指／中指で筋腱移行部を押しつまむ。椅子に脚を広げて腰かけ、膝から恥骨まで

1 自分で前部の股関節屈筋を刺激する
2 内側の股関節屈筋を刺激する

仙腸関節の可動域を広げる

の筋腱移行部全体にわたってつまみながら触れる。最初の不快な感覚は毎日のマッサージですぐに改善される（最初は組織が癒着しているため、マッサージによってあざが生じる可能性もある）。

4. 仙腸関節の可動域を広げる

仙腸関節を柔軟にする

仰向けに寝て片脚を伸ばし、もう片方の脚は股関節と膝関節で直角に曲げる。

曲げた膝を伸ばした脚のほうの床の上に持っていく。このとき、手は脚を倒す動作を補助してもよい。上半身は伸ばした脚の反対方向を向く。

5. 骨盤の可動域を広げる

Balimoチェアを使ったエクササイズのバリエーション

Balimoチェアは、身体感覚を研ぎ澄ませ身体意識を高めるのに役立つツールである。このチェアに座っての動作は立体的（前後、左右、上下方向）であり、仙腸関節がフリーになっているときの人本来の立体的な動きに対応している。ライダーの立体的な動きは、馬の立体的な動きを妨げないようにするための大前提である。

このエクササイズは、なによりもまずゆっくりと優しく行う必要がある。テンポと力の入れ具合をさまざまに変えることで、脳は臨機応変に反応することを学ぶ。とはいえ、ゆっくりとしたテンポにする

ほうがよい。そのほうが、脳が動きについていきやすいからである。結果としてライダーの動作の質が向上する。

このチェアに座り、手を太ももに置くか、身体の横にぶらりと垂らす。足は肩幅にひらき、つぎの4部位でほぼ直角をつくるようにする：足と下腿、下腿と太もも、太ももと胴部、胴部と顎。膝の位置は股関節の位置よりわずかに低い場合があるが、それより高くならない（股関節と同じか、低い位置にある）。

時計の文字盤

Balimoチェアに腰かける。このチェアが時計の文字盤の上にあるとイメージする。ライダーが骨盤を右に下げるのを「（文字盤の）3に座る」、左に下げるのを「9に座る」とする。

まず骨盤をどちらか一方に下げる動きを繰り返し、その後骨盤を反対方向に下げる動きを繰り返してもよいし、左右の動きをつなげて交互になめらかに動かしてもよい。動きのテンポは変化させる。座面と座面下のリングは（力む必要なく）接触できるようになっている。接触する際には、カチッという接触音がする。

つぎに、骨盤を前方に12時の位置まで傾け、さらに後方に6時の位置まで傾ける。両方の動きを流れるようにつなげていく（動作を行うときはテンポを変える）。続いて円を描くように全方向に動かす。

Balimoチェアに座り前後、左右に動くライダー

ライダーは、自分が時計の文字盤の上に座っているとイメージする。骨盤を6時〜2時へ（片側の右負重移動による扶助）、または6時〜10時へ（片側の左負重移動による扶助）回す

これに片側の負重移動による扶助を使って動作を続ける：6時〜10時および2時の位置へ回転させる。

6. 脚扶助を使った正しい推進

うつ伏せになり、脚は伸ばして軽くひらく。腰の下に小さなパッドを置き、腰が反らないようにする。

左右の踵を交互に尻に向かって動かす。このエクササイズは数回行い、さまざまなテンポで繰り返す（極めて速いスピードでも行ってみる）。

壁に向かって立ち、片脚を1歩後ろに下げ、手で壁を押して支える。後方の脚を床から離し、膝を曲げて伸ばす。

注意　踵を勢いよく上げて腰が反らないように！

立った状態での動作：後方の脚を曲げて、ふたたび伸ばす

馬上での（脚扶助を使った）正しい推進は、踵を尻の方向へ持っていく床運動（ゆっくりと、ときには素早く）によって準備することができる

プログラム2　動きに適応する

1. 頭と首まわり（頭、喉、首）

顎関節、顔の筋肉および舌を使った動き

このエクササイズは、座った状態、立った状態、寝そべった状態で行うことができる。下顎をできるところまで、ゆっくりと右方向ないし左方向へ動かす。加えて反対方向へ顔の筋肉をゆがめる。上顎を前にずらしたり、後ろに引いたりして行うバリエーションもある。下顎で、時計回りおよび反時計回りで円を描いてもよい。その後両手の薬指、中指およ

顎関節は頭部のさまざまな領域に絡んでおり、さまざまな機能を担っている。舌を動かし舌と眼を調和させ、顎関節、側頭筋（こめかみ）、頭皮をマッサージする

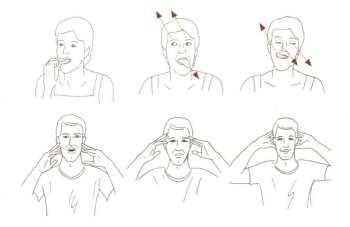

58　多彩なウォーミングアッププログラム

動きの方向を変えて、顎関節を動かす

び人差し指で顎関節の筋肉をマッサージする。咀嚼筋にはこめかみや頭皮の筋肉も含まれる。こめかみは、顎関節の筋肉と同じ要領でマッサージすることができる。頭皮は小指、薬指、中指、人差し指を使って行う。4本の指は耳まわりに添えてマッサージを行い、親指は下顎に置く。

膝を起点に振動する動き(前傾姿勢)

　まっすぐに立ち、膝を軽く曲げる。膝を起点にして身体を振動させる。身体は上下に振動する。まず、まっすぐ前方（床と平行に）を見る。つぎに鼻を約5cm下げて（それ以上は下げない）、小刻みに振動

膝を起点に振動する動き（左）、バリエーション：頭を軽く下げる（右）

多彩なウォーミングアッププログラム　59

する動きを続ける。身体の弛緩具合が変化したのを感じられるだろう。頭を軽く傾けると頭の関節がひらく。頭をまっすぐにすると、鼻を下に向けているときよりも身体が硬くなっているように感じられる。頭を深く傾けすぎると、ふたたび身体は硬くなる（ライダーの視線の先に馬の首があるときの状態）。

　同様のエクササイズは馬上で鐙を短くし、速歩と駈歩をしながら行ってもよい（187ページ参照）。

2. 胸骨領域と胸郭

床から手を離す

　うつ伏せになる。右腕を曲げ、肘は右方向をさすようにして、右頬を右手の上に置く。左手は指が頭の方向をさすようにして、鼻先およそ10cmのところに置く。つぎに左肘を床から離して上方に持ち上げる。左肘の高さは、後で比較ができるように記録しておく。姿勢を変える間、手と肘はこの体勢のままにしておく。今度は手と腕を無理なく床から離せ

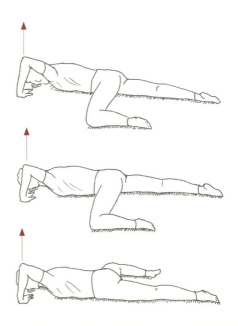

頭のポジションを変えて、曲げた腕を上げる

動作プロセスを変えて胸椎部の可動域を広げる

るところまで上げる。動きは流れるように、力を入れずに最大 10 回繰り返す。

自分の身体を抱きしめる

椅子に腰掛けて、右手を左肩の上へ置く。肘は胸の上に乗る状態になる。左手は胸と右腕の間をとおって右肩に持ってくる。右肘は左腕の上に置き、左肘は胸に置く。手は肩の上に乗せたままにして、両肘は床と水平になるようにし、さらに垂直になるように上げる。その際、眼は肘を追いかける。この動きは心地よく感じられる範囲で行い、動きづらさを感じたときも力で押さえつけないようにする。最大 10 回繰り返したら、左腕に替えて 10 回繰り返す。

腕は最初の状態と同じように交差させて、両肘を床と平行になるように持ち上げ、左右へ動かす。このとき力は入れず、無理なく動かせるところまで動かす。この場合も眼は肘を追いかける。その後、腕のポジションを入れ替えて行う。腕を交差させて最

四つん這いからあぐらまでの動作を 6 つのフェーズに分解した図

仙腸関節の可動域を広げる

初の状態に戻す。肘は床と平行になるところまで上げて、そこからやわらかく弧を描くように右上へ持っていき、つぎに左上へ持っていく。このエクササイズでも眼は肘を追いかける。その後、左右の腕のポジションを入れ替えて行う。

3. ゴルジ腱器官（筋肉、腱）

このエクササイズは、52ページ以降のプログラム1のエクササイズと同じである。

4. 仙腸関節の可動域を広げる

四つん這いからあぐらまで

四つん這いからあぐらの状態に移行する際、頭が反っているため、腰部が大きく反ってしまう（頭、首、肩、背中が適切に作用しあっていない状態）。頭の傾きを下方にすると背中が丸まる。

頭と骨盤の間の動きに新しい動作を組み合わせることで、全体の動きに弾力性が増し、軽さが出てくる。一方の膝をもう片方の膝の前で交差させること

で、前進運動の際に背中を後ろに丸くする必要性がさらにはっきりとする。

5. 骨盤の可動域を広げる

ここでもBalimoチェア（55ページ）と椅子（68ページ）を使用した、さまざまな観点の動きを使ったエクササイズを行う。骨盤を使った新しい動作をさまざまなポジションで行いたい場合は、つぎのエクササイズを試みる。

骨盤で時計の文字盤上の時間を感じとる

床の上に座り、以下の3つのポジションで休む。

最初に腕で支え、つぎに前腕で支え、最後に床に横たわって休む。すべての体勢で脚を引き寄せ、足の裏が互いに触れるように膝を外側に倒す。この姿勢で、時計の文字盤の上に座っているとイメージすると、骨盤の位置は6時にある。

それぞれのポジションで、つぎのエクササイズを順番に行う。

まず、骨盤が12時の位置にくるように、骨盤をゆっくりと前傾させる。その際、自動的に少しだけ腰が反る。骨盤を後傾させて最初の6時の位置に戻

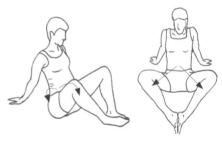

ポジションを3つに変えて、骨盤の可動域を広げる

多彩なウォーミングアッププログラム　63

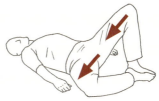

一方の膝はアクティブに動かし（太い矢印方向）、もう片方の膝はリアクティブに応じる（細い矢印）または両膝をアクティブに動かす

す。この動きを数回、連続してなめらかに行う。この動きはBalimoチェアですでに体得している。つぎに、この動きにバリエーションをつける。6時から左膝（10時）に向かって斜めに動かし、つぎに6時から右膝（2時）に向かって斜めに動かす。この動きは数回行う。最後に3つすべての動きを連続して行う：6時〜10時、6時〜12時、6時〜2時、その後ふたたび元に戻す。その後、上半身を時計回りと反時計回りに回旋させる。これらの動きを前述の3つのポジションで順番に行う。

膝のアクティブ/リアクティブな動き

仰向けに寝て膝を曲げて脚を立て、膝を左右に倒して床に近づける。片方の膝はアクティブに動かし、もう片方はリアクティブ（膝の動きに自然に反応）に応じる。これらのエクササイズの際に機械的になりすぎて力んでしまう場合には、パートナーによって外部から刺激してもらうとよい。

アクティブな膝の動きの後を、10cmの間隔で片方の膝もアクティブに追いかけるようにすることで、エクササイズに変化をつけることができる。両方のバリエーションをつなげて行うときには、交互に行ってもよい。その後、背中の内側はすぐに緊張がほぐれる。

6. 脚扶助を使った正しい推進

抵抗に対応して意識的な推進をする

うつ伏せになり脚は長く伸ばし、両脚の間を軽くひらく。小さなパッドを腰の下に置く。

左右の踵を交互に尻の方向へ持ってくる。その際

パートナーは、うつ伏せになっている人が蹴り上げようとしている脚の足首を手で軽く抑えて動きに抵抗するようにする。この抵抗は強めてもよいし、弱めてもよい。こうすることで、膝の屈筋は敏感になり、さまざまな力の入れ具合や速度で馬に合図を送れるようになる。

パートナーは手の代わりに、セラバンド、ドイザーバンドまたは丈夫な自転車チューブを使用して抵抗をつくってもよい：うつ伏せになり、伸ばした脚の足首のまわりにバンドを巻いて、固定された物に結びつける。その後、踵を尻の方向へ引っ張ってみる。バンドを結んだところから、少しだけ離れることで抵抗が強まり、力の入れ具合を高めることができる。

脚扶助の推進に関係する筋肉（太もも裏側の筋肉）をパートナーの手の力に抵抗して左右へ動かす、またはバンドに抵抗して片側だけおよび両側を動かす

多彩なウォーミングアッププログラム　65

プログラム3　瞬時に呼び戻す

1. 頭と首まわり（頭、喉、首）

頭を車輪のように回旋させる

　ふたたび四つん這いになり、身体を両手で支えながら頭部（額）を床につける。つぎに、頭部（額）から頭頂を床につけるように鼻に向かってゆっくりと回旋させ、後頸と背中上部が丸まるようにする。最後に、頭頂から後頸に向かって回旋させて元に戻す。このエクササイズは、膝の位置を変えて行うバリエーションがある。右膝をつき、つぎに左膝を15cmほど右膝より前に置き、その状態で同じ回旋運動を行う。左腰から右肩、右腰から左肩へと動きが流れるのは外から見てもわかる。

頭部の新しい動作パターンを習得する

　左の尻を椅子の座面の右側に置いて腰かける。右の尻は空中に「浮いた」状態になる。左足は前に出し、右足は1歩下げて身体の重心の下にくるようにする。右手で頭をつかみ、頭が勝手に動かないようにして、すべての動きを右手に委ねる。このようにして、頭をそっと左右へ簡単に動く範囲にとどめて動かす。動かしづらさを感じても抵抗しない。頭が動かされると、右の尻は椅子の座面より下に沈んだり、肩に向かって上へ動いたりする（10回繰り返す）。

手と膝のポジションを変えて、頭を車輪のように回旋させる

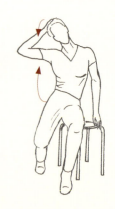

頭部の新しい動作パターンを習得する：椅子の半面に腰かけて体側部の柔軟性を高める

つぎに、左右を変更する：右の尻を椅子の左側に置いて腰かける。右足は身体の前に出し、左足は1歩下げて身体の重心の下にくるようにする。左手で頭をつかみ、そっと左右に動かす。頭は手の動きに完全に委ね、新しい動作パターンを習得する。

2. 胸骨領域と胸郭

這うように手を使う

　手首を曲げて手のひらを床に押しつけると、肘が伸ばされていき、肩がアーチ状に丸まり、脊椎が螺旋のように回旋する。胸骨が動かされ、腕は本来持つ「前脚」としての機能の代わりをして、上半身の動きの質を高めることにつながる。左右両側で行う（左右両側エクササイズのメリットについては、参考文献17参照）。「得意な側」から「苦手な側」への移動をとおして、苦手な側にポジティブな影響が生まれる。このプロセスを両側性転移（クロスエデュケーション効果）という。苦手な側を直したり鍛えたりするのではなく、「得意な」側からの転移効果を利用すべきである。たとえば、調和的に得意な側を5回行い、つぎに苦手な側を2回行う。（得意な側を5回、苦手な側を2回を1セットとして）3セット行うと、左右両側が互いに順応する！

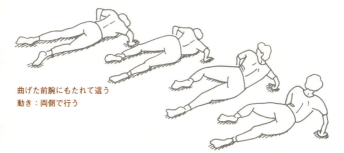

曲げた前腕にもたれて這う
動き：両側で行う

腕で上半身を動かす

　頭を枕で支えて、横向きに寝る。両腕は胴部に対して直角に床の上に伸ばし、手のひら同士を合わせる。膝を引き寄せて、太ももが上半身に対して直角になるようにする。その際、上側の膝を下側の膝の前方床上へ出す。開始位置からのすべてのエクササイズは 10 回繰り返す（両側で行う）。

　上側の腕を床と垂直になるように上に導き、ふたたび元に戻す。眼は手を追いかけることでバリエーションをつける。

　つぎに、90°を超えて手を後ろへ持っていく。最初は上側の膝が床から離れないところまでにする。ここでも眼は手を追いかけるようにする。

　そして、上げた腕を後ろ側に床の方向へ持っていく。上側の膝は床から離れてもよい。このエクササイズでも、眼は手を追いかけるようにしてバリエーションをつける。

　この動作は、腕が背中の後ろの床に触れるようになるまで行う。腕を動かせるところまで移動したら、数秒間そのまま寝そべった状態を保つ。さらに同じ動きを反対側で行う。

伸ばした腕で上半身の回旋
をコントロールし、胸骨領
域を柔軟にする

3. ゴルジ腱器官（筋肉、腱）

これらのエクササイズは、プログラム1のエクササイズと同じであるため52ページを参照する。

4. 仙腸関節の可動域を広げる

胴部を捻る
（肩の軸と反対に骨盤を回旋させる）

片方の足首を反対側の脚の膝に置いて、肩の軸と反対方向に骨盤を捻る（尻の下のマットは置いても置かなくてもよい）

仰向けに寝て、膝を曲げて脚を立てる。片方の足首をもう片方の脚の膝に乗せ、両脚を左右に、床の方向へなめらかに動かす。できるところまで傾ければよい。片側へ動かせるところまで動かしたら、スムーズにすぐに反対側へ動かす。その際、少し速いテンポで行う：基本的なテンポはゆっくりでよいが、数回はテンポを速めて行う。つぎに、丸めたマットを尻の下に置いて同じ動作を行う。その後、このマットを腰椎の下に置いて同じ動きを続ける。マットの場所を変えることで、脊椎全体と仙腸関節の可動域を広げることができる。

5. 骨盤の可動域を広げる

椅子の上で腰を柔軟にする

椅子に腰かけて、左右の腰を交互に持ち上げる。どのくらい高く持ち上げられるか、どれだけきつく感じるかを確認しておく。その後この動きを両側で10回ずつ行う。つぎに、できるだけ椅子の前方に腰かけて、同じ動きを行う（10回）。椅子に深く腰

姿勢を変えて椅子に座る：股関節の上下運動

  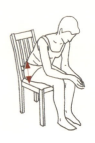

多彩なウォーミングアッププログラム 69

椅子の背に向かって座る2種類の姿勢：股関節の上下運動

通常の座る姿勢：骨盤を前後に動かす（6時と12時）。座る姿勢のバリエーション、前腕は太ももの上に置く。椅子の背に向かって座り、骨盤を6時から12時まで前後に動かす

かけて、上半身を前に傾ける。その際、前腕を太ももの上に乗せて身体を支える。両側の腰もまた同様に、それぞれ10回ずつ持ち上げる。

つぎに太ももに片方ずつ交互に体重を移動させると、移動のたびに1つの関節がブロックされる。これもまた同様に、両方の股関節を10回ずつ持ち上げる。最後に開始位置に戻り、ふたたび腰を持ち上げる。かなり高く上げられるようになり、動きが軽くなったのを感じるだろう。

椅子の背に向かって座り椅子の上で腰を動かす

椅子の背に向かって座り、"椅子の上で腰を動かす"と同様の動きをする。椅子の背もたれの上端に両方の前腕を重ねて置き、その前腕の上に額を乗せる。腰を上げる。これもまた同様に、片側10回ずつ行う。その後、胸を背もたれにあずけ、腕で背もたれを抱えて、同じ動きを片側10回ずつ行う。最初は非常に難しいエクササイズだろう。最後に、普通に椅子に座り、腰の動きのスムーズさや可動域が広くなったかどうかを確認する。

腰の動きのバリエーション

通常の姿勢で座り、時計の文字盤の6時から12時までの動きを実行する。つまり、骨盤を後方に傾け、前方に回転させる。この動きがどのように感じられるかを確かめておく。つぎに前述の1.と2.（65〜67ページ）のすべてのポジションを通しで行い、それぞれの6時から12時までの動きを行う。エクササイズ後に大きく動けるようになったり、動き

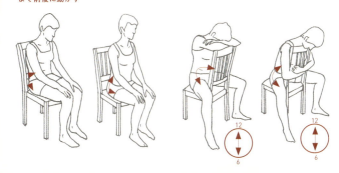

が楽になったりしていることを確かめる。とくに腰まわりがリラックスしているのが感じられるだろう。

6. 脚扶助を使った正しい推進

**脚扶助による推進に関係する筋肉
（太もも裏側の筋肉）の強化**

開始位置1：仰向けに寝て、足と前腕を床について身体を支える。
脚と上半身が一直線になるように股関節をまっすぐにする。状態を確認しながら、10秒以上その姿勢を持ち、少なくとも3回は繰り返す。

開始位置2：仰向けに寝て、股関節と膝関節を直角に曲げ踵を踏み台に置き、上半身は床に支えられている状態である。
尻を床から持ち上げて、上半身は前腕で支える。状態を確認しながら、10秒以上その姿勢を持ち、少なくとも3回は繰り返す。

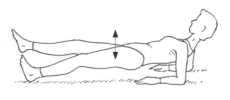

身体の背面と脚扶助による
推進に関係する筋肉の強化

脚扶助による推進に関係する
筋肉の動的ストレッチ

開始位置1：直立して、片方の踵を踏み台の上に置き、両手は胴部の後ろでつなぐ。
つま先をできるだけ自分に向かって引き寄せるようにし、上半身と骨盤を前に傾けて、ゆっくりとやわらかく数回、下側にバウンドさせる。

開始位置2：仰向けに寝て、片脚を両手で抱える。膝を胸に引き寄せ、同時にもう片方の脚は伸ばし、両足のつま先を自分に向かって引き寄せる。ふくらはぎの伸長とつま先の引き寄せを数回繰り返す。

注意　ふくらはぎを伸長するときに、胸に引き寄せたほうの脚の太ももが上半身から離れないように注意する。太ももの後方の筋肉は最適に伸ばされるときだけ弾性を持ち、同時に敏感に収縮もする（推進の働き）。最適なストレッチが行われれば、太ももの扶助操作とその後の弛緩につながる。

> **注意**
> 骨盤を折り曲げたり、猫背に注意する！膝は軽く曲げ、下側にストレッチしたり伸ばしすぎたりしない。バランス力に問題がある場合は身体を支えて行う。

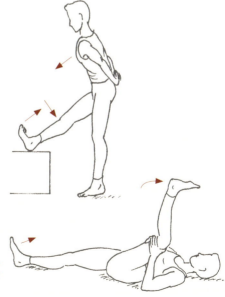

寝た状態と立った状態で、身体の背面のストレッチを行う

続きのウォーミングアッププログラムについて(4-6)

これで6ポイントプログラムの解説は終了である。さらなるプログラムは、これまでに紹介したものを超えてさらにその先へ、ライダーのウォーミングアップの核心に迫るものである。

詳細は、以下のとおりである。

✓ウォーミングアップの基礎となる筋力トレーニング(腹直筋、背筋、肩甲帯筋、外側腹斜筋、臀筋、脚扶助を使った正しい推進に関係する筋肉)。

✓すべての主要な関節(肩関節、肘関節、手首、股関節、膝関節、足首)を動かすことで、全身に関与する動きの伝達と流れを改善する。

✓出生前期、乳幼児期を意識した動作(床の上をさまざまな態勢で転がる動作)を通じて、自然な動作プロセスを取り戻す。

✓捻転姿勢の準備をする(または捻転姿勢の困難を改善する)ため、またライダーのクロスコーディネーションの感受性を高めるための、身体の長軸まわりの柔軟性(脳内の動作プロセスを改善するためのエクササイズ:頭を眼と反対方向に回旋させる、頭を肩の向きと反対方向に回旋させる、頭を腰の向きと反対方向に回旋させる、頭を膝と反対方向に回旋させる、肩を腰の向きと反対方向に回旋させる、ツイストするなど)。

プログラム４
筋力増強のためのエクササイズ

身体の筋組織のバランスを整え緩ませるための筋力トレーニングを含むこのプログラムは、最初の２つのストレッチを除けば、身体のすべての側面がつぎつぎと一様に強化されていくようなエクササイズのみで構成されている。

このエクササイズを行うとライダーは、本書で紹介したほかのエクササイズを行った後と同じようにリラックスし、しなやかで最適に調和したと感じることが実証されている。したがって、筋肉の増強も考慮するためには、プログラム４はほかのプログラムと並行して行う必要がある。

動作プロセス全体に関わる
基本的な観点

ストレッチするときは、ゆっくりと動的（ダイナミック）に動く。つまり、手を使って頭を適切な方向に数回、そっと引っ張る。

ウォーミングアップの際は、静的（スタティック）なストレッチは行わない。なぜならば、静的な状態だと筋力が落ちてしまい（最大で20％）、首の筋肉の復元性が失われるからである。一般に、各ストレッチはゆっくりと、動的に５回行う[21]。

筋力トレーニングのときは、ゆっくりと動かせるところまで動かしたら、10秒間（コンディションに応じて15、20、30秒間）保持する。その後10秒間の休憩を挟む。全体で３回繰り返し両側で行う。

またゆっくり動かせるところまで動かしたら、ふたたび沈ませる。この動作プロセスは少なくとも10回、左右で行う。

静的および動的動作プロセスは、交互につなげて行ってもよい。

この部分の椎体の構造はほかの椎骨領域の椎体に比べて弱くできている。つまり、個々の椎骨が互いに接近していて、形状からして繊細にできているた

> **注意**
> 首まわりのストレッチは常にとくに慎重に行う！そして常に両側で行う。

め、ライダーは首まわりを扱うときには細心の注意を払う必要がある。そのため、首まわりのすべての動作プロセスはそっと自然に行う。

目の前の緊張をほぐすためには、ライダーは手を使った動きを実行してほしい（つまり、外側からそっと自然に誘導する）。そうすることで、同時に新しい動きのパターンが脳内に設定される。

腹直筋を強化する

1. 頭と首まわり（頭、喉、首）

首まわりの筋肉を伸ばす

エクササイズ1-1

開始位置：仰向けに寝て、膝を立てて、手は頭の後ろで組む。

動作：手を使って頭を持ち上げ、前方、上方向へ慎重に引き寄せる。

頸筋（側部）を伸ばす

エクササイズ1-2

開始位置：軽く脚をひらいた開脚姿勢をとる。

動作：右手を使ってできるところまで頭を横に傾ける。左腕は床の方向へ押し出す。

エクササイズ1-3

開始位置：軽く脚をひらいた開脚姿勢をとる。

動作：右手を使って頭を横ではなく、斜め前方へ傾ける。

首の筋組織を斜め前方へストレッチする

エクササイズ1-4

開始位置：脚を肩幅にひらいて立ち、片腕を肩の高さで曲げる。

動作：反対側の腕で曲げた腕の肘を押して、背中の方向へストレッチする。

> これ以降は、すべて筋力強化トレーニングである。

2. 上半身、腹直筋および背筋、背部伸筋

エクササイズ2-1

開始位置：仰向けに寝て、膝関節と股関節を直角に曲げ、上半身の前で腕を交差させる。

肩の筋組織を伸ばす

動作：頭を上半身と一直線に保ちながら、ゆっくりと上半身を起こす（顎は胸に押しつけない）。

エクササイズ2-2
開始位置：うつ伏せになり、丸めたタオルか毛布を腰の下に敷く。手は頭の後ろで組む。
動作：上半身を床から少し浮かせ、頭が反らないように、目線は自然に床に落とす。

腹直筋の強化

背筋の強化

エクササイズ2-3
開始位置：エクササイズ2-2と同様。図解はない。
動作：脚は床から持ち上げ、尻の筋肉を緊張させる。

エクササイズ2-4
開始位置：仰向けに寝て、ふくらはぎは踏み台に乗せる。膝関節と股関節がそれぞれ直角になるように曲げ、腕は前方へ伸ばす。
動作：ゆっくりと上半身を起こし、両手は踏み台に向かって押し出す。

エクササイズ2-5
開始位置：仰向けに寝て、膝を曲げて脚を立てて、腕は前方へ伸ばす。
動作：ゆっくりと上半身を起こし、両手は伸ばして脚よりも遠くへ伸ばす。

踏み台を使って、または膝を立てて腹直筋を鍛える

エクササイズ 2-6

開始位置：膝をついて、上半身を床に倒し、手は頭の後ろで組む。

動作：上半身を上げ、脊椎を伸ばす。パートナーがいれば、脚を押さえてもらう。そうすると、このエクササイズはより楽になる。

背筋を鍛える

3. 腹斜筋、背筋を対角に使う

エクササイズ 3-1

開始位置：仰向けに寝て、膝関節と股関節は直角になるように曲げる。下腿は支えなしで保持するか、踏み台の上に乗せる。両手を組む。

動作：上半身を起こし、右肩を床から離し、両手は手のひらを合わせて組み、左の太ももよりも遠くへ伸ばす。

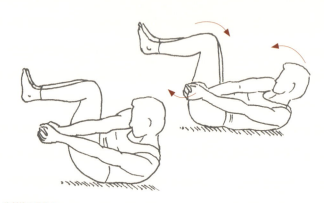

腹斜筋を鍛える

背筋を対角に使って鍛える

エクササイズ3-2
開始位置：手のひらと膝を床につけて四つん這いになる。
動作：右腕と左脚ないし左腕と右脚を上げて伸ばし、その後、膝と肘を股の下に引き寄せて身体を縮める。

注意　腕と脚は肩と尻の高さを越えない。腰が反らないように！

エクササイズ3-3
開始位置：仰向けに寝て、腕は床の上に置き横へ伸ばす。股関節と膝関節は直角になるように曲げ、脚は軽くひらく。
動作：両脚を一緒に左右交互に床へ下ろす。

エクササイズ3-4
開始位置：うつ伏せになり、丸めたタオルや毛布を腰の下に敷いて、腰が反らないようにする。手は頭の後ろで組む。
動作：上半身を軽く床から上げ、頭は反らないようにして、視線は自然に床に落とす。肩甲帯を左右交互に捻ったり下げたりする。

腹斜筋を鍛える

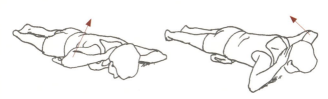

肩甲帯筋を鍛える（まっすぐと斜めに）

4. 胴部の腹側と背側

エクササイズ4-1
開始位置：仰向けに寝て、前腕と足だけを床につい て身体を支える。
動作：腰を浮かせるようにして股関節を伸ばし、脚 から上半身が一直線になるようにする。

エクササイズ4-2
開始位置：うつ伏せになり、胸を浮かすように上半 身は前腕で支える。
動作：ゆっくりと尻を上げ、身体全体は前腕と足の 指で支える。身体全体を伸ばして、一直線になるよ うに保持する。骨盤部分が落ち込まないようにする。

エクササイズ4-3
開始位置：エクササイズ4-1と同じ。
動作：片方の脚は床から離し、床についたほうの脚 だけで尻をゆっくりと浮かせていく。身体の腹側が 上から下まで一直線になるように浮かせる。

エクササイズ4-4
開始位置：エクササイズ4-2と同じ。
動作：エクササイズ4-2と同様であるが、片方の 脚を床から軽く浮かせる。

5. 身体の左右側面

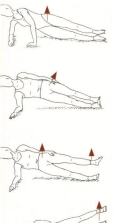

> すべてのエクササイズは、左右で交互に行う。
> 片側ごとに8〜12回繰り返す。

エクササイズ5-1
開始位置：横向きで寝て、身体は下側の前腕と肘で支える。支えていないほうの手は身体の腹側について支える。
動作：骨盤を持ち上げて、身体の上側のラインが一直線になるようにする。

注意 骨盤のあたりが「ストン」と落ちないように。全身（胴部の腹側/背側）を伸ばしたままでいる必要がある。

エクササイズ5-2
開始位置：横向きに寝て、身体を前腕で支える。
動作：骨盤を持ち上げて、身体の上側のラインが一直線になるようにする。

注意 骨盤のあたりが「ストン」と落ちないように。全身をまっすぐに伸ばす。

エクササイズ5-3
開始位置：エクササイズ5-2と同じ。
動作：エクササイズ5-2と同様だが、エクササイズ5-2のストレッチができたら、続けて上側の脚の太ももを持ち上げる。

エクササイズ5-4
開始位置：横向きに寝て、身体を完全に伸ばす。
動作：両脚を持ち上げて脚を軽くひらく。

6. 前後方向への身体全体の ストレッチ

エクササイズ6-1
開始位置：うつ伏せになり、丸めたタオルや毛布を腰の下に敷き、両手は頭の方向へ伸ばす。
動作：上半身と両脚を同時に持ち上げて、身体全体は一直線になるように、床から離してバランスをとる。

注意　腰が反らないようにする。

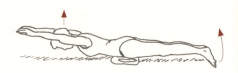

エクササイズ6-2
開始位置：仰向けに寝て、丸めたタオルや毛布を腰の下に敷き、両腕は上半身の横に添える。
動作：上半身と両脚を同時に上げ、身体全体を伸ばして、床から離してバランスをとる。

多彩なウォーミングアッププログラム　81

プログラム5
自然な動きを取り戻す

　ここからのプログラムは、基本的な動作パターンを使ったエクササイズで組み立てられている。これらの動作パターンは「基本型」と呼ばれる。これは出生前の時期の動き、あるいは人がまだ自然に、人にもともと組み込まれている秩序に従って動く、生後数年間に行う動きに由来する。

　「基本型」動作パターンは潜在意識に保存されており、比較的すぐに呼び戻すことができる。つまり、複雑な動作プロセスを実際に行うことなく、ライダーの身体は自然な姿勢を会得することを意味する。これらのエクササイズにはさまざまな動作がある。そのときの動作は身体を使って遊んでいるかのように行う必要がある：向きを変える、体勢に変化をつける、テンポと力の入れ方に関して、動作プロセスを変える。動きに多様性があると、型にはまった動作に遊びができたり、緊張がほぐれたりする。動作のバリエーションによって、関係する筋肉の全部が使われるからである。結果として、ライダーは自分の動きが軽く流れ、十分にリラックスした感じが得られる。リラックスした筋肉だけがねらいどおりに、弾力的にかつ感覚的に動くことができる。ほんのわずかな緊張がライダーの調和を乱して、馬の動きへの適応や馬に対する扶助操作ができなくなる。すべてのエクササイズはクロスコーディネートされており、捻転姿勢（馬上で、骨盤に対して肩を捻る動き）を支えるものである。

1. 走り方を変える

　テンポを変えて、前後左右へ走る。同じ方向に続けて走るのは5、6歩までにする。常に変化させることで、走る動作に関わるすべての筋肉を刺激することができる。このようにランニングやウォーキングがクロスコーディネートできている場合には、常に捻転姿勢で座っている（肩に対して骨盤を捻る）

82　多彩なウォーミングアッププログラム

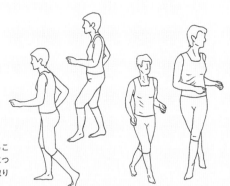

走り方のテンポを変えることで身体のリラックスにつながり、自然な状態を取り戻す

ライダーと同じように、これら動作プロセスが脳の構造に奥深く根を張って、以前マスターした動作パターンをすぐに呼び戻すことができる。

2. 踏み台に昇る

開始位置：踏み台の脇に立ち、片方の脚を踏み台の上に置く。
動作：踏み台に乗せたほうの脚で台の上に立てるまで伸ばす。脚を伸ばしているときは、身体全体をまっすぐに起こすように注意する：腰が丸まらないよう前に出して、上半身をまっすぐに起こす。この動きは、身体を1本のねじが打ち込まれるようにまっすぐ上下動する（エクササイズは両側で行う）。キャバレッティまたは切り株を使ってもよい。

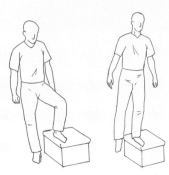

踏み台に片脚で昇る

多彩なウォーミングアッププログラム 83

左右に転がる

3. 転がる動き

エクササイズ3-1
左から右へ転がる
開始位置：床の上に仰向けに寝て、脚は折り曲げ胸に引き寄せるようにして、左手で左膝を、右手で右膝を抱える。
動作：ゆっくりと左右にゆらゆらと揺動する。小さな動きからはじめて、最終的に手の甲が床に触れるところまで揺動する。この動きはゆっくりと、力まず、流れるように行うのが大切である。
バリエーション：テンポと脚のひらき具合を変えて行う。

脚を閉じて、または長く伸ばした脚を使って、転がりながら座る

エクササイズ3-2
転がりながら座る
開始位置：エクササイズ3-1と同じ。
動作：ゆらゆらと前後にやわらかく揺動する。ここでも小さな動きからはじめて、ゆっくりと大きくしていく。前方は最終的に座るところまで、後方は膝が頭に接近するところまで揺動する。
バリエーション：テンポ、脚のひらき具合、脚と頭や上半身との間隔、左右の膝の間隔を変える。

エクササイズ3-3
転がりながら座る – バリエーション
動作："転がりながら座る"エクササイズに問題がある場合は、つぎのように修正してもよい：両手は

片方の膝を抱え、自由なほうの脚で反動をつけて起き上がり、座り姿勢まで持っていく。その後、最初に戻って再度このエクササイズを試してみる。丸まった脊椎の動きが変化したのを感じられるだろう。

4. 調和のためのエクササイズ

開始位置：うつ伏せになり、両手を床につく。片方の膝を曲げて脇に引き寄せ、その脚で床を押し、腰を浮かす。

動作：床を這う姿勢をとると、前進するときに足を適切な位置に置くには脊椎をどう回旋させればよいかを脊椎が覚える。このエクササイズの後、歩様は軽やかになり、身体のバランスも改善される。この動きは脳まで伝わり、脳は情報を受け取るのに最適なコンディションになる。

バリエーション：同じエクササイズを前腕でも行ってみる。

"原始時代を思い出して這う"エクササイズで、腰と胸骨領域を柔軟にする

多彩なウォーミングアッププログラム　85

5. 思いどおりに動かないときにはどうするか

開始位置：膝を広げて床に座り、足の裏を合わせる。
動作：頭を肩の方向へ動かす。これが難しく感じられる場合は、身体がこわばっていることが多い。頭だけを肩に向かって動かすのではなく、肩も同時に頭の方向に動かすようにすると動かしやすくなる。このようにして身体機能の調和が修復されると、全身で自然な動作プロセスを取り戻すことができる。頭と肩を近づけるのに慣れてくると、頭を単独で動かすときでも、その動きには全体としてみればより自由度が増してくる。
バリエーション：背側と側面を通過して回旋し、座り姿勢に戻ってくる、コマのような動きをするバリエーションもある。

　重要なのは、手を足首に、肘を太ももの上に置くことである。脚と上半身を合わせた身体全体は、この回旋運動では総合的な仕組みとして一体となって働かなければならない。その際、仰向けから側方へ倒れて、座り姿勢に戻ることは、最初は簡単ではない。このエクササイズによって関節組織同士が連動して、ライダーの動きやすさを向上させる。その後に、馬の動きに合わせて随伴できるようになる。

思いどおりに動けないときに行うエクササイズ

86 多彩なウォーミングアッププログラム

両手を膝の上に置き、足の裏は合わせて、より楽な体勢でコマのように転がる

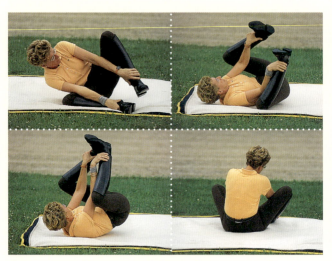

足首つかんでコマのように転がる（より難易度の高い体勢）

6. 肩で移動する

開始位置：仰向けに寝て、膝を曲げて脚を立て、骨盤は床から離す。
動作：骨盤が動くことで、肩甲骨の緊張がほぐれてリラックスする。肩甲骨は腰から背骨までの背部筋膜に順応する。背側の上方の動かない部分を床に押しつけ、全体の動きのなかに統合していくことで緩めることができる。こうすることで腕も自由になる。

肩で移動する（肩の軸を骨盤の軸に対して捻る）

プログラム6
大きな関節を柔軟にする

　もっとも重要な関節（足首、膝、股関節、肩、手首、頭の関節）が動きの流れを妨げない場合にのみ、動作パターンはライダーの骨盤から頭または足へと伝達される。関節をよどみなくスムーズに動かすことにより、身体の個々の部分が互いにつながりやすくなり、同時または順々に身体の一部一部を結ぶ動作連結が生じる。アキレス腱を刺激することでも弾発のある踵をつくることができるが、基本的には股関節の可動域を広げること、もしくは頭の関節を柔軟にすることで実現できる。

　身体のゾーンに緩み（可動性）があるところと硬いところがあると、ライダーには反対運動が生じ、馬に大きな悪影響を及ぼす。したがって、ライダーは全体が「緊張がほぐれた状態（弛緩状態）」でなければならない。そうすることで、すべての動きが楽に感じられ、やわらかく連続的に身体全体を流れる。これにより、同時に身体の個々のすべての部分が調和されることで、身体が一体となって安定した – しかし固定されない – 姿勢になる。

> 以降のエクササイズはすべて10回繰り返すこと。

1. 頭と首まわり（頭、喉、首）

柔軟な頭部の動きが首まわりを解放する
開始位置：座位でも立位でもよい。
動作：すべての動作は、ゆっくりとやわらかく行う（スピードを上げたり、断続的に行ったりしないこと）。首を前方に丸め、少し静止してから、左右に

多彩なウォーミングアッププログラム

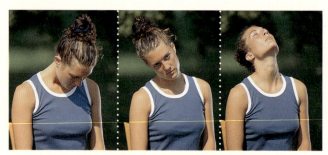

頭をそっとゆっくり回旋させる動きにより、首まわりをリラックスさせる

少し回旋させる。つぎに、ゆっくりと後方に反らせて、ふたたび左右に少し回旋させる。頭は円を描くように動かさない！エクササイズ中はリズミカルな呼吸を続け、限界までは動かさない（緊張を生じさせないようにするためである）。

首を後方へ反らせると口は開いたままになる。「まだ唾を飲み込むことができる」感覚を常に持っている必要がある。硬直した部位がある場合は、緊張が緩むまでそこに留まる。最初に肩を耳にぐっと近づけてから下にストンと落とし、肩をリラックスさせてから回旋運動を行う。エクササイズは、最初は眼を閉じて、つぎに眼を開けて行う。頭は決してだらりと投げ出さないで、常に軽くしておく。このエクササイズを行うと、とくに凝り固まったところをほぐすことができる。

重要なポイント
極めてゆっくり行う！
呼吸は深く行う。

2. 肩の関節

肩をリラックスさせる

開始位置：横向きに寝る。下腿 – 太もも、太もも – 上半身、上半身 – 顎、それぞれを直角にする。上側の腕は体側にゆったりと据え、手首は股関節の高いところに置く。

動作：力まないようにして、上側の肩をできるだけゆっくりそっと前方へ動かす。その後ふたたび開始位置に戻す。つぎに同じように肩を後方に動かす。そして両方の動きを交互につなげて動きを変化させ

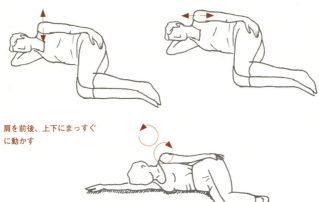

肩を前後、上下にまっすぐに動かす

肩を時計回りと反時計回りに、円を描くように回す

る。大きくゆっくりとした動きからはじめて、徐々に小さく速く、最終的には肩を約3cm揺らすだけになり、ぷるぷると振動するゼリーのように小刻みに動かす。

動きを変えて、今度はまず肩を耳に向かって引き上げ、つぎに腰に向かって下げる。そして両方の動きを交互につなげて行う。最初に大きくゆっくりとした動きからはじめて、徐々に小さく速く動かす。最後に時計回りおよび反時計回り両方の円運動を行う。

3. 股関節

開始位置:"肩をリラックスさせる"と同じ。
動作:肩で行ったエクササイズを、股関節にすべて転用する。

4. 膝関節

開始位置:太ももと下腿がほぼ直角になるようにして、無理のない姿勢で椅子に腰かける。
動作:両方の手指で、太ももの裏、ちょうど膝への移行部のところをつかむ。そこでは、膝の裏の左右へ腱索(腱の束〔索〕)を感じることができ、それを数回"つまむ / 揉む"。

"つまむ / 揉む"で膝の腱索を刺激する

アキレス腱を"つまむ／揉む"ことで刺激を加える

5. 足首（足関節）

アキレス腱を刺激することによって、足首の柔軟性を高めることができる。踵はやわらかく受動的に、下へ弾むように自然に動くようになる。
開始位置：アキレス腱をマッサージするには、椅子に腰かけて一方の足をもう片方の膝の上に乗せる。
動作：アキレス腱を親指と人差し指でつまむ。

6. 手首および指関節

開始位置：立った状態で脚は軽くひらいて曲げ、骨盤はまっすぐに起こす。腕は横に伸ばす。
動作：手首を使って両手を上下に動かし、手首で円を描くようにする。
開始位置：立った状態で、脚は軽くひらいて曲げ、骨盤は起こす。腕は横に伸ばす。
動作：手のひらをひらいて握る。

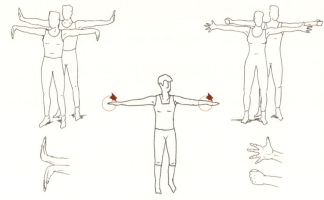

直線的な動きで手首を動かす　　円を描く動きで手首を動かす　　手のひらをひらいて握る

7. 関節および身体領域の調和

首まわり－肩
　仰向けに寝て、肩を左右交互に耳の方向に引き上げ、同時にその肩に頭を近づける。両側で行う。

肩 - 腰

仰向けに寝て、片方の肩を同じ側の腰に向かって押し下げる。腰は同時に肩の方向に近づける（両側で行う）。

頭と肩を近づける

肩と腰を近づける

尻の片側で動的に座る

座りには厳格な型はなく、常に動的なものである。骨盤の半分を椅子からスライドさせて骨盤の片側で座り、椅子に乗っていないほうの自由な半身をゆっくりと上げ下げすることで、固定的な座り方のパターンを打開できる。その変化は、全身の秩序にとって心地よい革新として感じられるだろう。

8. 頭に新しい動作パターンを つくる

左の尻を椅子の座面の右側に置いて、腰かける。右の尻は空中に「浮いた」状態になる。左足は前に出し、右足は1歩下げて身体の重心の下にくるようにする。右手で頭をつかみ頭が勝手に動かないようにして、すべての動きを右手に委ねる。つぎに、右手は簡単に動く範囲内で、頭を左右にそっと動かす。動かしづらさを感じても、それに抵抗しない。頭が動かされると、右の尻は椅子の座面より下に沈んだり、肩に向かって上へ動いたりする。つぎに、左右を変更する：右の尻を椅子の左側に置いて腰かける。右足は身体の前に出し、左足は1歩下げて身体の重心の下にくるようにする。左手は頭をつかみ、そっと左右に動かす。頭は手の動きに完全に委ねる。このエクササイズにより脊椎の両側が動かされ、頭と肩と腰を統合する。65ページも参照。

腰が上下する

左および中央：
　頭をそっと左右へ動かす
右：腰を頭の方向にそっと
　近づける

バリエーション：手で頭を腰の方向へ動かし、腰は
の方向へ近づける。その後、頭と腰を定位置に戻

9. "モンキー乗り"で
すべての関節を統合する

　"モンキー乗り"はいわゆる前傾姿勢のことで
る。動きを足から頭へ伝えることで、身体全体が
かされ、安定する。

　ライダーは速歩や駈歩のときにこの姿勢をとる
とができる。速歩のときライダーの尻はサドルか
離れ、その姿勢に留まる。軽速歩のような場合に
座り込むことはない。駈歩の場合は、前傾姿勢で
端に短くした鐙で行う。これら2つのエクササイ
は、大きな関節（膝と股関節）をひらく。エクサ
イズを行うと、ガチガチのライダーであれば身体
非常に緩み、逆に緩みすぎたライダーであれば身
が非常に良い具合に緊張をもって座れるようにな

　上左および中央のイラストをみると、膝がつま
より前に出ていることで、背中が伸ばされるのが
かるだろう。上右のイラストでは、腰に蝶番がつ
られ吊されたようになり、後方へ引っ張られてい
るのがわかる。膝は前に出たままだが、この姿勢
頭が自由に動けるのは3方向である。正しい姿勢
確かめるには、下腿と上半身が平行になっている

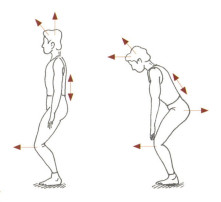

"モンキー乗り"では、すべての関節でその構造に適った動きができる。そのため、全身がリラックスした状態がもたらされる

どうかを確認すればよい（しかし、馬の背中を楽にする座り方もしくは前傾姿勢をとっている多くのライダーはこれができていないことが多い）。

プログラム7
捻転姿勢のためのエクササイズ

　このプログラムは、長軸まわりの回旋運動とクロスオーバーを使って捻転姿勢ができるようになるために用意された。「座りがひらく」傾向にあるライダー向けに特別に考案されたものである。「座りがひらく」とは、輪線上を騎乗するときに外方の肩がライダーの動きについていけないことを意味する。馬の肩はライダーの肩と平行でなければならず、馬の骨盤はライダーの骨盤と平行でなければならない。この構造が成り立っていなければ、ライダーの座りは独立していない。つまり、ライダーは馬の動きに最適に随伴できていないことになる。

　このウォーミングアップにより、ライダーは意識せず、無理なく常にクロスコーディネートして座ることを身につけることができる。身体の長軸を中心としたより自然な回旋運動ができるようになり、考えなくても捻転姿勢を維持できるようになればなる

ほど、ライダーはより柔軟に馬の動きに追従し、適切なシチュエーションでより狙いを定めて馬に働きかけることができるようになる。これ以降のエクササイズは、脳の調和が最適に準備されることを目的に行う。

1. 身体をくまなく観察する

開始位置：仰向けに寝て、脚は床の上に伸ばす。
動作：膝を軽く曲げて、踵を尻の方向に10cm近づける。

両膝はそろえて、左右の床のほうへゆっくりと動かし、頭は膝と反対方向に動かす。10回繰り返すごとに足をさらに10cm尻の方向へ近づける。足の裏が尻の近くにきて完全に床上に立つ状態まで続ける。つぎに、同じ要領で足を尻から遠ざけていき、足がふたたび伸ばされて開始位置に戻るまで行う。

このページ以降のエクササイズは、左右両側で少なくとも8～10回繰り返す。

2. 頭と反対方向に眼を回旋させる

開始位置：仰向けに寝て、"身体をくまなく観察する"と同じ要領で両膝を曲げる。
動作：頭は右側へ回旋させ、眼は左側を見るように動かす。

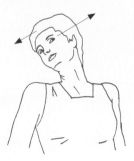

頭と反対方向に眼を回旋させる

多彩なウォーミングアッププログラム　95

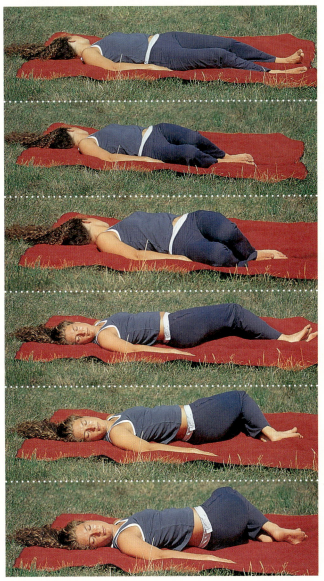

身体をくまなく観察する

3. 頭と反対方向に伸ばした腕を回旋させる

開始位置：仰向けに寝て、"身体をくまなく観察する"と同じ要領で両膝を曲げる。

動作：手を組み合わせ、腕を上半身に対して直角になるように伸ばす。頭は片側へ回旋させ、同時に伸ばした腕はその反対側の床のほうへ運ぶ。この動きを左右両側で行う。

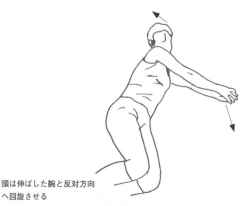

頭は伸ばした腕と反対方向へ回旋させる

4. 頭と反対方向に肩を回旋させる

開始位置：仰向けに寝て、"身体をくまなく観察する"と同じ要領で両膝を曲げる。

動作：前述の1.～3.と同じ要領で、肩を頭と反対方向に回旋させる。左手は右肩を、右手は左肩を抱きかかえる。肩は能動的に動くのではなく、手を使って頭とは反対方向に動かされるようにする。

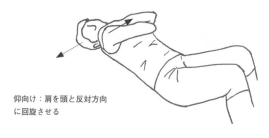

仰向け：肩を頭と反対方向に回旋させる

5. 肩と反対方向に頭を回旋させる

開始位置：うつ伏せに寝て、脚を伸ばし、重ねた両手の上に額を乗せる。
動作：頭を左右に回旋させ、同時に両肩（肘までを含めて）を頭と反対方向へ回旋させる。

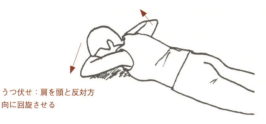

うつ伏せ：肩を頭と反対方向に回旋させる

6. 頭を腰と反対方向に回旋させる

開始位置：仰向けに寝て、膝を曲げて立てる。
動作：右の腰を左方向へ持ち上げながら、頭を右方向へ回旋させる（左右を入れ替えて行う）。

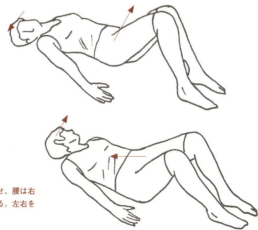

頭を左へ回旋させ、腰は右方向に回旋させる。左右を入れ替えて行う

7. 伸ばした腕を腰と反対方向に回旋させる

開始位置：仰向けに寝て、"頭を腰と反対方向に回旋させる"と同じように膝を曲げて立てる。

動作：手を組み合わせ、腕を上半身に対して直角になるように伸ばす。伸ばした腕をまず左の床のほうへ運びながら、右の腰を床から持ち上げる（左右を入れ替えて行う）。

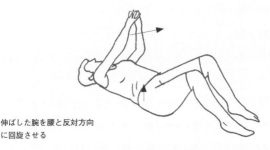

伸ばした腕を腰と反対方向に回旋させる

8. 肩を腰と反対方向に回旋させる

開始位置：仰向けに寝て、"頭を腰と反対方向に回旋させる"と同じように膝を曲げる。

動作：左手は右肩を、右手は左肩を抱きかかえる。肩は能動的に動かすのではなく、手を使って持ち上げた腰と反対方向に回旋させる。

肩を腰と反対方向に回旋させる

多彩なウォーミングアッププログラム　99

9. 頭を腰と反対方向に回旋させる

開始位置：うつ伏せに寝て、膝を曲げ、重ねた両手の上に額を乗せる。

動作：頭は右に回旋させながら、右側の腰を床から持ち上げる（左右を入れ替えて行う）。

頭を腰と反対方向に回旋させる

10. 肩を腰と反対方向に回旋させる

開始位置：うつ伏せに寝て、膝を曲げ、重ねた両手の上に額を乗せる。

動作：左側の腰を床から持ち上げながら、右肩（肘までを含めて）を床から離す（左右を入れ替えて行う）。

肩を腰と反対方向に回旋させる

11. 頭を膝と反対方向に回旋させる

開始位置：仰向けに寝て、脚は膝を曲げて立て、軽くひらく。

動作：脚はそろえて左右に運ぶ。その際、頭は膝と反対方向に回旋させる。

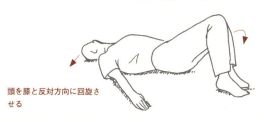

頭を膝と反対方向に回旋させる

12. 伸ばした腕を膝と反対方向に回旋させる

開始位置：仰向けに寝て、膝を立てる。
動作：脚はそろえて左右に運ぶ。その際、伸ばした腕は膝と反対方向へ動かし、床のほうへ運ぶ。

伸ばした腕を膝と反対方向に回旋させる

13. 肩を膝と反対方向に動かす

開始位置：仰向けに寝て、膝を立てる。
動作：脚はそろえて左右に運ぶ。その際、肩を膝と反対方向に手で動かす。

肩を膝と反対方向に引き寄せる

14. うつ伏せで脚を左右に動かす

開始位置：うつ伏せに寝て脚を曲げ、重ねた両手の上に額を乗せ、脚は軽くひらいて膝を曲げ、足の裏は天井に向ける。
動作：下腿を平行にして、左右に床のほうへ運ぶ。
バリエーション：この動きにバリエーションをつけて、下腿を倒す方向に一緒に鼻を向けてもよい。その後、常に頭を下腿と反対方向に向ける。

多彩なウォーミングアッププログラム　101

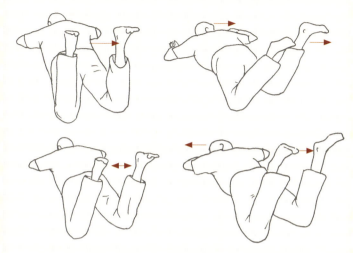

うつ伏せになって下腿を左右に動かす

動作のバリエーション、下腿を頭と反対方向に向ける

15. 足首を乗せた状態で頭、伸ばした腕、肩を回旋させる

開始位置：仰向けに寝て、足首を反対側の膝の上に置く。

動作：前述の 11. ～ 13. は両脚を平行にして左右に導くのではなく、足首を反対側の脚の膝の上に乗せれば、さらにエクササイズを強化することができる。

足首を膝に乗せた状態で、頭を乗せた膝と反対方向に向ける

16. 床から床への直線的な動き

開始位置：横向きに寝て、頭はクッションで支え、上半身 – 太もも、太もも – 下腿がそれぞれ直角になるようにして脚を置く。上側の膝は下側の膝より軽く前に出して床に置く。腕を上半身と直角になるように前方へ伸ばし、手のひらを合わせる。「より簡単な位置」で行う場合は、膝を重ねておく（下のイラスト参照）。

動作：上側の腕を肩の高さで、床と垂直になるまで上方向に伸ばし、ふたたび元に戻す。その際、頭は自然にしておく。数回繰り返すと、視線が手を追うようになるだろう。この動きにつぎの動きを加えて、2つの動きを交互に行う（ちょうど肩の高さで、上方向に伸ばした）。腕をさらに広げて上半身の背側の床のほうにストレッチする。ただし、きついと感じても抵抗してはいけない。動きは流れるようにやわらかくそっと行う。数回繰り返すと頭が手を追いかけ、2つの動きが交互にできるようになる。

上側の膝が下側の膝から離れないように注意する。腕がどんどん軽くなって、胴部の後ろまで、最終的に床に触れるところまで運べるようになるのを体感

簡単な位置：膝を重ねる

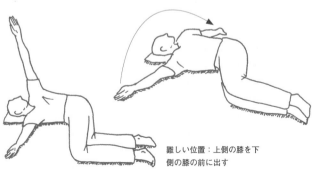

難しい位置：上側の膝を下側の膝の前に出す

できる（左右両側で行う）。

伸ばした腕は上半身が回旋してしまうのをコントロールし、あわせて胸骨領域を動かす。102ページ下のイラストは、2種類の膝の位置を示している：両膝を重ね合わせる（簡単な位置）、および上側の膝を下側の膝の前に出す（難しい位置）。

17. 横向きに寝た状態での円運動

開始位置：横向きに寝て、頭はクッションで支え、上半身 – 太もも、太もも – 下腿がそれぞれ直角になるようにして脚を置く。上側の膝は下側の膝より軽く前に出して床に置く。腕を上半身と直角になるように前方へ伸ばし、手のひらを合わせる。

動作：床につけた上側の手で円を描くようにする – 頭上から背中の後ろ、さらに腰の上を通ってふたたび身体の前に戻ってくる。手はできるだけ床につけたままにするのが望ましいが、最初は非常に難しいだろう。前に出したほうの膝もまた、床から離れないようにする。何回か動作を繰り返すと、手をより多く床につけることができるようになる。ただし、動きの向上が感じられるようになるには、さらに何回か繰り返す必要がある。最初は、頭は自然に横たわらせる。その後、眼は腕の動きを追いかける（左右両側で行う）。

横向きに寝て、上側の腕で円を描く動き

積極的な
疲労回復プログラム

クーリングダウンプロセス

自分に言い聞かせる：
「私は完全に落ち着いている」

　まず、一般的なウォーミングアップで行うような全身運動を行う。大きな筋肉群を動かすことで、リラックスでき、代謝老廃物がより速やかに除去される。前述したプログラムのなかから、緊張していると感じる身体の領域に応じたエクササイズを選択することもできる。

　さらに、緊張をほぐすための集中的なエクササイズは、ポジティブとネガティブの経験を整理するのに適している。とくに高いレベルが要求される馬術競技では、競技状況の内的追体験から自分を解放するのに適している。眠っている間でも、常に以前経験した競技を頭のなかで何度も繰り返すことがあることはよく知られている。

　したがって、「クーリングダウン」の際は、自律訓練法や漸進的筋弛緩法などを取り入れる必要がある。

自律訓練法

　ドイツの精神科医シュルツが生み出した自律訓練法には6つのエクササイズが含まれており、それによって身体を、集中力のあるリラックス状態に切り替えることができる。

　エクササイズの典型的なプロセスは、辻馬車の御者が休むときの姿勢、脚を曲げて横たわる姿勢、または眼を閉じて受動的でリラックスした座位からはじめる。

　まず、心を落ち着かせる口調で、各自が心のなかで「私は完全に落ち着いている」と自分自身に何度も言い聞かせるところからはじめる。目的は、身体と心を全体的に落ち着かせることである。

　その後6つのエクササイズが続く。その際、アスリートたちは身体の各部について集中して、深く思考し、感知しなければならない。

漸進的筋弛緩法

漸進的筋弛緩法は16筋群を包括しており、これらをあらかじめ定められた順番で、最初に緊張させその後弛緩させる方法である。

この方法は「クーリングダウン」にも用いられる。方法そのものは、自律訓練法と同様にもっぱら運動感覚（つまり内部プロセス）に影響を与える。

乗馬レッスン後または競技終了後に活用できる、基本的技能を習得するうえで採用可能な方法の1つを簡単に紹介する。

各筋肉群は、引き起こされた緊張が知覚されるまでの時間のみ緊張する。これには約5〜8秒かかる。この間ライダーはなんらかの感覚が生じるまで、数を数えることで切り抜けることができる。したがって緊張を生み出し、それを認識してから弛緩させることが大切である。緊張させたり弛緩させたりするとき、ライダーは筋肉の性能をより機能的に向上させる（精神を刺激する）ために、対応する筋肉を使って「深く思考するか、または感知する」必要がある。

一連のプロセスは、横になって行うのが望ましい。できるようになったら、椅子やBalimoチェアに座った状態でも漸進的筋弛緩法を援用できる。

自律訓練法

1. 重感エクササイズ：右腕（左腕）が非常に重い。身体全体を点検する。目的：筋肉の弛緩、全体的な鎮静。

2. 温感エクササイズ：右腕（左腕）が非常に温かい。身体の各部を順番に取り込んでいく。目的：血管の弛緩、鎮静。

3. 心臓調整エクササイズ：心臓が非常に穏やかに、安定したリズムで拍動している。目的：心臓の働きの正常化、鎮静。

4. 呼吸調整エクササイズ：非常に穏やかに、安定したリズムで呼吸している。目的：呼吸の調和と不動化、鎮静。

5. 下腹部－（太陽神経叢）温感エクササイズ：下腹部がポカポカと温まっている。目的：腹部臓器すべての弛緩と調和、内的および外的な鎮静。

6. 額部涼感エクササイズ：額が気持ちよく、涼しい。目的：涼しい、頭がすっきりする、頭部の血管の弛緩、鎮静。

積極的な疲労回復プログラム 107

次の順番で行う：
✓ 得意な側の手と前腕
✓ 得意な側の上腕
✓ 苦手な側の手と前腕
✓ 苦手な側の上腕
✓ 額
✓ 頬の上部および鼻
✓ 頬の下部および顎
✓ 後頸および首
✓ 胸、肩および背中の上部
✓ 腹筋組織
✓ 得意な側の上腿（太もも）
✓ 得意な側の下腿（ふくらはぎ）
✓ 得意な側の足
✓ 苦手な側の上腿（太もも）
✓ 苦手な側の下腿（ふくらはぎ）
✓ 苦手な側の足

漸進的筋弛緩法で椅子に腰かけたときの弛緩姿勢

馬上のエクササイズ
基礎編

トレーニングスケールの基礎

馬の最適な伸展姿勢

馬のトレーニングスケール

　馬のトレーニングスケールは、すべてのライダーと乗馬インストラクターの基礎である。トレーニングスケールの原則を守ったときのみ、乗用馬を自然に、そして健康的にトレーニングすることができる。トレーニングスケールの内容には相互関係があるため、順番に段階を経る必要がある。間違いや見落としの影響は遅かれ早かれ顕在に現れ、トレーニングに悪影響がでたり、馬の健康が損なわれたりする。

　野生の本能(いわゆる原初的な自然状態)に従って、自由に自然のなかで生活している馬には、トレーニングスケールは必要ない。馬自身が乗馬に駆り出される、つまり人と一緒に動く場合には、馬の自然状態が失われてしまうため、ふたたびつくり出される必要がある。それが馬術理論が生み出された背景にあり、その理論の中核にあるのがトレーニングスケールである。

　したがって、馬のトレーニングは乗馬をよく知らない人々の多くが考えているような動物虐待ではなく、むしろ馬のためのものであって、馬を健康に育て、最高のパフォーマンスに導くための最良の運動理論なのである。例外もあるが、問題にすべき点はあくまでもトレーナーのメソッドにあり、それがトレーニングスケールに沿っているならとくに問題はない。要するに問題は馬術理論にあるのでなく、馬術理論の解釈と実践が部分的に誤って用いられてしまうことにある。

リズムとリラックス──親睦期

　馬がリズムよく歩くためには、ライダーに慣れる必要がある。馬を完全に馬房に閉じ込めておく場合には、問題が起こりやすくなる。馬は群れをなし、自然のなかを一日中動きまわる動物である。馬房に

110　馬上のエクササイズ 基礎編

片側の体重扶助

　閉じ込めておくと、馬は本能に従った行動ができず、あまりにも長時間立ったままでいると、体が緊張した状態になる。この緊張が乗馬の最初の数分間をリズム感のない動きにする。そこでライダーはリズミカルな扶助を通じて、馬がふたたび正しいペースで進めるように働きかける必要がある（ただし、ライダーが事前に最適なウォーミングアップを行っている場合にのみ可能になる）。

　リラックスした状態は、運動が正確にリズムを刻んでいるときにだけ生じる。リズムとリラックスが乗馬の基礎をつくる。これらは「親睦期」と呼ばれるトレーニングスケールの第1段階である。

馬上のエクササイズ　基礎編　111

ハミ受けと弾発—
プッシングパワー（推進力）の養成

　リズムとリラックスを基礎にして、前方への運動エネルギーいわゆるプッシングパワー（推進力）が生み出される。プッシングパワーとは、馬の後肢から出たエネルギー（弾発）がライダーの手まで伝わることを意味するが、ライダーはハミ受けによってそのエネルギーを微調整しながら受け止める必要がある。つまり推進力と制限力、および推進扶助と制限扶助の間にバランスのとれたエネルギー関係が生じる。

　どちらの扶助も優勢であってはならないが、残念ながら、手綱を常に後方に引っ張る手綱扶助か、繊細な手綱扶助のない極端に強すぎる推進（ペースが速すぎて、ハミ受けがない）をするライダーがよくみられる。"ハミ受けと弾発"はトレーニングスケールの第2段階をなすものであり、馬のキャリングパワーを養成するのに欠かせない前提条件である。

> **監訳者注**
> **キャリングパワー**
> 馬が自身の体重とライダーの体重を後肢で効率よく支え、推進する力をさす。

真直性と収縮—
キャリングパワーの養成

　トレーニングスケールの第3段階では、馬の生まれながらの歪みを正し、真直性を整え収縮を生み出す。馬は後肢でより多くの体重を受け止める。すべての馬が歪んだ状態で生まれてくるが、ライダーが跨っていない自然な生活では、歪みがネガティブな影響を馬にもたらすことはない。問題は、ライダーが馬の背中に負担をかける場合である。

　前肢が後肢に対して正しく位置していない場合、後肢で発生する前方への力（プッシングパワー）は馬体を通って直線的に流れない。後肢からの力はすべて、尻（仙骨部）と脊椎を通って馬の口まで直線的に流れなければならない。そうでなければ、後肢からのエネルギーは途中で失われてしまい、人と同様に脊椎の湾曲が生じてしまう。加えて、馬体がまっすぐでないと、セルフキャリッジを保って運動することができない。トレーニングスケールのすべ

> **監訳者注**
> **セルフキャリッジ**
> 馬が自分の体をバランスよく、自らの力で支えて動くこと。

> **監訳者注**
> **透過性**
>
> 馬がリラックスしていてライダーの扶助に対して抵抗なく素直に受け入れる状態。また、その扶助が体全体を滞りなく流れる状態。透過性はトレーニングスケールが進むにつれて洗練されていく。

ての段階（親睦期、プッシングパワーの養成、キャリングパワーの養成）では、動作の透過性が保証されていなければならない。恒常的な鼻面の捻り、極端な内方姿勢、誤った頭頸などによって、馬の体内の直線的な流れが阻害されてはならない。

重要なポイント　馬のトレーニングスケールは、馬が本来持っている自然な体系に沿って健康に学び、成長できるように、熟練したライダーが、トレーニングスケールに徹底して従い、未熟な馬に乗ることを前提としている。乗馬においては、パートナーの一方である馬またはライダーがもう一方に学習の道のりを示すことが重要である。ライダーは教師であり、馬は生徒である。

ライダーのトレーニングスケール

ライダーのトレーニングは、馬のトレーニングスケールと同様に構造やスケールに組み込まれる。全体をとおして、ライダーのトレーニングスケールでは、常にその学習状況に応じた動作をするべきである。

新しい学習状況によって生じたスキルのギャップを認識し、そのギャップを適切な馬に乗り、インストラクターの助けを借りることで埋めていく。このような仕組みでライダーのトレーニング方法全体が体系化されている。この学習コースでは、トレーニングスケールに応じた課程を終えた馬に騎乗するこ

> ライダーのトレーニングスケールは、徹底して守る必要がある。

透過性

透過性					
	プッシングパワー（推進力）の養成				
リズム	リラックス	ハミ受け	弾発	真直性	収縮
親睦期			キャリングパワーの養成		

出典：Britta Schöffmann（2006）"Die Skala der Ausbildung"[22] より抜粋

とが必要である。乗馬理論に基づいて正しくトレーニングされた馬は、その動きのパターンをとおして、ライダーに「本来の正しい動き」の感覚を体験させることができる。

このトレーニングでのみ、ライダーの運動感覚、複雑な扶助の使い方、扶助効果を磨くことができる。ここで紹介する分類は、能力指向の運動学的アプローチとエアーズ（Anna Jean Ayres）の脳研究などから得られる知見に基づいている[23-29]。新しい種類のスポーツを学ぼうとするときに、人はいつでもすでに習得している動作の流れに立ち返り、それを新しい学習状況に転移させる[24, 30-33]。

問題が解決するということは、構造的に類似した動き、テクニック、または動作状況が、動作パターンとして理解されるということである。たとえば、バドミントンのテクニック（クリア）を学ぶ必要がある場合、自分がすでにテニスで習得した動作プロ

乗馬は無二のスポーツである！立ち返るべきほかの動作パターンは存在しない。

ライダーのトレーニングスケール

ライダーのトレーニングスケール		
透過性		
ライダーのスキル（能力） ⟷ ライダーの乗馬テクニック（技能）		
馬の条件:	プッシングパワー養成のための条件:	キャリングパワー養成のための条件:
ライダーは精神的、認知的、感情的、運動的に調和がとれていなければならない	ライダーはバランス感覚、リズム感覚、運動感覚を養い、プッシングパワーをサポートするための基本的な扶助の使い方ができなければならない	ライダーは能動的に騎乗できなければならない。すなわち、扶助の使い方や効果をその全体的な複雑さのなかで伝えることができなければならない
リズムとリラックスを養うために、馬はライダーの体重に慣れる必要がある	プッシングパワーを養うためには、馬の運動が妨げられてはならない	キャリングパワーを養うために、扶助によって馬を真直にし、収縮する必要がある
第1段階 親睦期	第2段階 プッシングパワー養成	第3段階 キャリングパワー養成

> バランス感覚、リズム感覚、運動感覚などのスキルは乗馬に転移できる。
> 乗馬テクニック（技能）を習得するための基礎となるのがスキル（能力）である。

セス（サーブ）に立ち返ることになる。新しく学ぶのはその違い、つまりテニスではまったく働いていない、バドミントンでの手首の集中的な使い方だけでよい。

それ以外はすべて内面化（自動化）されることで習得していく。すべての人は、すでに習得している要素を、新しい状況やテクニック（技能）に移し替える（学習の転移）。そうすることで、学ぶうえでの負担が減り、すべての要素に注意を向ける必要がなくなり、新しい要素だけに注意を向ければよくなる（いわゆる正の転移）。

ただし、あわせて知っておかなければならないことは、以前に習得した動作パターンでも、新しいテクニックや状況と構造的に関連性がないと、破壊的な影響を与える可能性があることである（負の転移）。しかし、乗馬テクニックと構造的に類似したスポーツや生活上の場面、テクニックは存在しないため、乗馬を習得する際に"学習の転移"はない。

騎座はほかに類のないものであり、ほかの技術的な運動体系やほかの種類のスポーツ体系と比較することはできない。

乗馬の構造を下支えしているのは、あらゆる動作状況と動作問題の解決に関わるスキルであるが、ここでいう問題とは、人の身体の安定性を損なうようなものを意味し、それゆえバランスを崩す原因となる根本的な問題をさす。この点で、乗馬はスキーやサーフィンに似ており、ここに転移の可能性を見出すことができる。

これらの理由から、後述するトレーニングスケールのポイントには、外的な動きの形式は含まれておらず、むしろ、すべてのポイントは内的および外的な安定性を獲得しかつ維持するために、人が生活またはスポーツ全体のなかで学ばなければならない基本的なスキルに関連している。これらのスキルは、あらゆるスポーツのなかでも、とくに乗馬、スキー、サーフィンにとっては決定的に重要である。一般にスキルとは、あらゆる種類のスポーツ全体に及ぶが、テクニックとは各スポーツ固有のものである。

トレーニングスケールの構造は、これらの知見に

馬上のエクササイズ 基礎編　115

従って構築されている。まずは乗馬にかぎらず、生活またはスポーツ全体に関わる基本的なスキルが重要である。このスキルはライダーが成長し続けるにつれてテクニック（扶助の使い方や扶助効果）に変わっていく。

各フェーズには、基本的な扶助の使い方と扶助効果の観点が含まれる。しかしながら、扶助の使い方は複雑なテクニックなため、基本的なスキル（バランス力、リズム感覚、運動感覚）を習得した後でなければ用いることはできない。

> インストラクター、馬、そしてライダーが自分自身を信頼することで乗馬中にリラックスすることができる。

ライダーの親睦期—
精神的、認知的、運動的調整

ライダーをトレーニングするときにも、馬のトレーニングスケールと同様に、決して揺らぐことのない構造があることを忘れてはならない。まずライダーに必要なことは、馬、動作状況、乗馬インストラクターと信頼感をつくり出すための親睦期である。

馬は、本来有している気質をとおしてライダーに安全であり危険がないことを伝え、インストラクターは、ライダーのパートナーである必要がある。インストラクターは、ライダーの精神面にポジティ

肩と反対方向に頭を回す

ブな影響を及ぼさなければならない。そうすることでライダーは、トレーニングにおいてインストラクターの指導を受け入れる準備ができる。最良の指導計画は、なによりもインストラクターの人間性で決まる。インストラクターのことを完全に受け入れてはじめて、ライダーは専門のテクニックを学ぶ準備が整う。ライダーは馬やインストラクターにも尻込みすることなく、前日までの課題は脇に置いて、いつも真っさらな気持ちで馬と向き合えなければ、馬に乗るべきではない。

ネガティブな心理状態、緊張およびネガティブな精神的思考は、ライダーの自然なプロセスを損ない、ライダーはリラックスして馬に身を任せることができなくなる。また、適切な扶助を与えることができなくなる。ライダーが内的なリラックス状態になければ、馬もリズミカルに進行しリラックスすることは不可能である。

ネガティブに影響を及ぼす状況では、ライダーの内側に永続的な筋収縮が残り、ライダーはリズミカルに動くことがほとんどできなくなる。いかなる感情も筋収縮を引き起こす。ポジティブな感情は筋肉を緊張させ、すぐにふたたび緩ませる。筋肉のポジティブな協働はリズミカルである。

> ライダーは、ネガティブな経験を脇へ追いやらなければならない。ストレスがかかった状態では良い乗馬はできない。

胸椎を動かす

馬上のエクササイズ　基礎編　117

ネガティブな感情や思考は、潜在意識で永続的な筋収縮を引き起こし、ライダーの動きのリズムを乱す。そうなるとライダーは、リラックスして馬上に座ることができないため、馬の動きに逆らってしまう。ストレッサーは調和的な内部プロセスを阻害し、脳の半球（左脳と右脳）はもはや身体のそれぞれの半身とつながらなくなってしまう。左脳は身体の右側を、右脳は身体の左側をコントロールしている。

ストレスの多い状況では、ライダーは感情のバランスが崩れ「側対歩の馬」も同然となり、センターラインを越えて行うクロスコーディネートされた動きを行うことができなくなる。このような感情的および精神的な緊張が長く続くと、筋肉の痙攣を引き起こし、ライダーの身体の正常さを失わせる原因になる。

さらに、あまりにも硬直した内的な「集中」状態では、極端に視野が狭くなる。つまり、ライダーの視野は制限され、周囲の状況をつかめなくなってしまう。もしライダーがすでにかなり高度にバランスがとれるようになっていれば – たとえば調馬索を使って – 馬の動きに慣れるほうがよいだろう。以前なら、調馬索でのレッスンには問題があるといわれていた。輪線上を乗るライダーは常に遠心力と戦うことになるからである。挟み込みの動きはその結果であろう。騎乗の際にこれは避けなければならない。

監訳者注
側対歩

同じ側の前肢と後肢が同時に動く歩様。通常の四足動物の歩様（対角線上の足が同時に動く）とは異なる。乗馬においては望ましくない歩様とされている。

集中状態が身体をこわばらせる、注意を向けることで過敏になる。
ライダーは感情的、認知的および筋肉的にバランスがとれていなければならない。

バランス感覚と感情のアンバランス

　感情的にバランスが崩れている人は、身体的にもバランスが崩れている。ライダーはバランスを失い、身体が帆かけ船モデルに示されているように機能しなくなる。人の身体に関する帆かけ船モデルの背後にある重要な考え方は、身体の各部位に変化があれば、それがどんな変化であっても、即座に身体全体に変化が生じるということである。

　怒りは、人の場合肩をすくめたり、横または前方向へかがめたりする形であらわれる。肩をみればわかるこれらの変化は、自然とライダーの身体の緊張の仕組み全体に影響を与える。身体的なズレは胸部だけでなく、腰、膝、さらには脚にさえも及ぶ。

　帆かけ船モデルを紹介する。船の「マスト(帆柱)」に相当する人体の部分 – 脊椎 – が安定的でない、むしろ非常に不安定であることにも考慮が必要である。船のマストとは比較にならないが、脊椎は本質的に変化しやすい。精神的なストレスによりすでに筋のバランスが崩れている場合、筋の不均衡(マッスルインバランス)の問題が生じる。

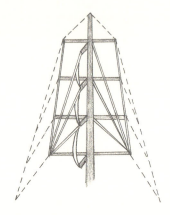

帆かけ船モデルをイメージしたライダーの身体

筋の不均衡の原因と予防

すべてのライダーに筋の不均衡があり、それが弱点やミスの原因となる。文化が発展したことで、私たちははるか昔の時代とは異なる行動や効率的な動作をとるようになった。片側ばかりに負重をかけるような現代生活での動作、誤った負重のかけ方、過負重、不十分かつ誤ったエクササイズは、自然に収縮する傾向がある筋肉をさらに収縮させてしまう。

このことから、適切にターゲットを絞った「伸長（なかでもストレッチ）」を通じてこれらの筋収縮を解消しようという課題が生じる。運動不足、筋肉群をないがしろにすることや誤ったエクササイズなどは、すでに弱まりやすくなっている筋肉をさらに脆弱にしてしまう。筋肉の弱体化の原因はほかにもあるが、依然としてそれらがおもな要因としてとらえられている。乗馬トレーニングでは、筋の不均衡がさらに大きくならないように、これらの筋肉にターゲットを絞って強化する（力をつける）必要がある。

> エクササイズで筋の不均衡を解消する。

脚

現代では腓腸（ふくらはぎ）の筋肉（腓腹筋）が短くなり、すねの筋肉が弱くなる傾向にある。そのため、乗馬中に踵を押し下げることが一般的に困難になる。股関節の可動性の欠如によっても、さらに問題が引き起こされることがある。

太もも表側の筋肉は、一般的に収縮する傾向がある。同時に拮抗して太もも裏側の筋肉も収縮することがしばしばある。その場合に高い緊張が収縮によって膝に痛みを引き起こし、膝の問題が発生することがよくある。腰深部にある筋肉（馬を挟み込む筋肉／股関節内転筋）は収縮する傾向があり、結果としてすべてのライダーは基本的に馬を挟み込もうとする傾向にあることを意味する。なぜか？ これらの筋肉に拮抗して動く筋肉（臀筋／股関節外転筋）は衰えやすい傾向があり、挟み込む動きに対抗する筋のバランスをつくり出すことがほとんどできないためである。

1a 前脛骨筋
1b 腓腹筋

騎乗時に筋肉が弛緩、収縮する一般的な部位

収縮
弛緩
収縮
弛緩
収縮
収縮
収縮

馬上のエクササイズ 基礎編 121

2 前部股関節屈筋
 （腸腰筋）
3 内側股関節屈筋
 （内転筋）
4 臀筋

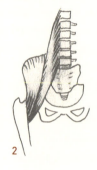

2

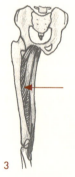

3

4

骨盤および臀部

ライダーの動きの要 – 骨盤 – にはさまざまな筋肉が付着しており、人の身体の中間に位置して、随伴運動に対処している。

腰部の前部と内側の筋肉、いわゆる股関節屈筋は収縮する傾向がある。これらは骨盤を前傾させ、その結果、背中を反らせてしまう傾向がある。

ライダーは自然に上半身を前傾させる。加えて、臀筋は脚をひらく（広げる）役割を果たし、その一方で、馬を挟み込むために使われる筋肉が脚を閉じる（締める）役割を果たしている。騎乗時に長い時間、リズミカルに扶助を与える脚を実現するには、股関節屈筋を集中的に伸ばし、臀筋を強化する必要がある（股関節が柔軟であることが前提）。

腹部と背部

腹筋は弱まりやすい。その役割は骨盤を安定させることである。その際、腹筋は臀筋と太もも裏側の筋肉によって支えられる。骨盤が最適に配置されていないと、騎座は独立したものでなくなる。

腹斜筋は肩が萎縮して弱まるのを防ぐため、独立した座りの前提条件といえる。深部背筋（背中の長い伸筋で、胸部から腰部までにわたる）は、脊椎を伸ばす働きをする。これはまっすぐな座りのために重要な役割を果たす。

脊椎をまっすぐに伸ばすには、骨盤が正しい位置にあることが土台になる。腰部と首頸部にある背中の伸筋は、収縮する傾向がある。その結果、脊椎が腰部で前方に湾曲し肩が丸まってしまう。背中の伸筋は胸部で弱まる傾向があり、強い胸筋によって上半身上部が前方に引っ張られるため、猫背になることがある。

背中の表層の筋肉（肩甲帯－僧帽筋）には2つの傾向がある。第1に、肩甲帯筋下部は収縮する傾向があり、腰椎領域の背中伸筋が収縮するというネガティブな傾向を助長する（背中が腰部で前方に湾曲する可能性がある）。

第2は、肩甲帯の中部から上部（僧帽筋）は弱まりやすいという傾向である。胸椎領域の背部伸筋がすでに弱くなっていると、それに拮抗する胸筋も同様に収縮する傾向があり、結果として筋の不均衡が生じ、全体的に猫背になりやすくなる。

　現代人のほとんどは脊椎が側弯しているため、片側に傾かずにまっすぐ座るには脇腹の筋肉（腰方形筋）が非常に重要になってくる。通常この脇腹の筋肉は、上半身を横方向に安定させるほど十分に密集し発達していないため、横向きの代替姿勢（股関節を傾ける）をするライダーが多くみられる。

　ライダーのトレーニングでは、できるだけ全身的に筋肉のバランスが確立されるようにすると、ライダーが静的（骨、筋肉、靭帯、腱など）に少なくとも表面的にバランスがとれた状態で座る、つまりバランスよく座るためのすべての条件が整う。

人の基本的な感覚能力としてのバランス

　一般的にバランス感覚は、あらゆる感覚と密接な関係にあるスキルであることを強調しておかなければならない（125ページ以降で説明）。バランス感覚に課題のある人は、これによりすべての感覚にネガティブな影響が及ぼされる[*23]。バランスのとれていないライダーはほかの感覚の習得やレッスンおよびトレーニングで最適に使用することが自然と困難になる。

1 腹筋
2 深部背筋
　（脊柱起立筋）
3 表層部背筋
4 胸筋

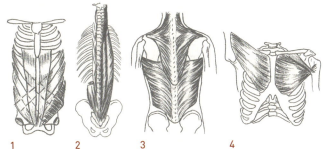

1　2　3　4

ライダーはバランスを維持することに常に注意する必要があるが、これは眼から情報を受け取るうえで妨げとなる。固定した視線は、平衡器官にとってストレスになる[*34]。

それが原因で、たとえばライダーは、提示された馬場上の標記を目標にして馬場馬術（ドレッサージュ）のトレーニングを実行するような扶助ができない。また障害飛越選手の場合は、障害物との距離に課題が生じる。

バランス感覚に問題のあるライダーは、乗馬インストラクターからの言葉による情報を耳から受け取ることも困難である。彼らは自分の座りを維持することに集中していて、聴覚器官の言葉による情報を受け取るスキルが低下するからである。ライダーのバランスが最適に − 包括的な意味で − 保たれていない場合、運動感覚や触覚による（皮膚をとおして感覚される）情報もまた限られた範囲でしか認識されない。

固定した視線は平衡器官にとってストレスになる

前庭系および運動覚系の平衡器官

　現在では、バランス力は克服するシチュエーションに応じて、立位バランス、バランスをとるためのバランス、回旋バランス、飛行バランスに区別されている（127ページ参照）。バランスをとる状況に関するコントロールについては、人の前庭系および運動覚系がその役割を担っている[9, 10, 15, 20, 26, 35, 36]。

　前庭器官は、人の内耳にある。内耳は液体で満たされていて、そのなかには位置の変化を脳に伝える結晶を備えた、非常に敏感な細かい毛が配列されている。前庭系は、とくに眼や耳などのほかの感覚器官とともに働き、不安定な状況で生じた身体の位置の変化を脳に信号で知らせ、身体はこれらの変化を補ってバランスをとる。頭を前方または後方へ傾けすぎたり、横に動かしすぎないことが重要である。このような姿勢では、内耳で受け取る情報が歪められ、状況に応じたバランス調整が行われなくなる。

　いわゆる運動覚系は関節、腱、筋肉の受容器、つまり固有受容器から情報を受け取る。この運動覚系の固有受容器は、ほかの感覚器官（眼、耳、皮膚）のあらゆる受容体よりも早く身体の位置の変化を信号で伝える。人はバランスを保つために、微細な筋肉の活動をとおして、バランスの崩れを調整する。

　固有受容器はほかのすべての受容器と結びついて一体となり、素早く反応する機能的ユニットを形成しており、これによってバランスの崩れは、外から見ているだけではおよそその人がバランスを崩してい

バランスとはどういう意味か？

　かつてスポーツ科学では、物体に働く力のバランスだけでなく、静的バランスと動的バランスも区別されていた。

　静的バランスとは、たとえば片脚で立つといった場合に関係していた。しかし、片脚で立っている人は皆、できるだけ静止するために大小さまざま調整的な動作をしなければならないことに気づいた。つまり、人は動くものなので「静的」という言葉は適切ではなかったのである。

座りの基本は、クロスコーディネートされた動きによって整う

るなどと気づかないうちに、大変素早く知覚される。

前庭系および運動覚系システム（アナライザー）の感度を良くするためには、人の多様かつ広範な動きが前提になる。両システムを継続的に刺激（トレーニング）することによってのみ、最適に養成され、パフォーマンス力と伝達力が維持される。

しかし、筋膜系には筋肉や関節にある受容器よりも多くの感覚受容器があるため、人は付加的に筋膜系を介して、バランスを保った状態や崩した状態を高度に知覚できる。筋膜は身体全体を走る筋膜経線でつながっていて[*2]、身体全体にわたる変化を信号によって素早く知らせ、崩れたバランスを調整する。このテーマに関連した筋膜系の重要性は、これまでほとんど見過ごされてしまっている。

前庭系および運動覚系とあわせて、筋膜は私たちの身体に関する重要な知覚内容を伝達し、快・不快といった身体感覚をつかさどる。あらゆる体系を媒体にして身体を敏感に知覚することは、転落や転倒を予防するとされ、とくに乗馬では大事である。

筋膜は緊張状態、身体の傾き具合、速度に関する多くのフィードバックを与えてくれるため、人の身

両脚でさまざまな高さにジャンプすると、バランス力が鍛えられる

体固有の動きを非常に敏感に認識することができる。動作は全体的により調和的、効果的になる[*1,3]。

しかし、現代の子どもたち（青少年や成人はさらに）は身体を動かすことが少なすぎて、バランスを必要とするスポーツである乗馬では、基礎となる土台（スキル）に欠けている。

これらの理由から、今日の乗馬インストラクターは、人々に正しく乗馬の準備をさせるため、そしてその際に身体的経験、個々にあわせた指導や学習および認識に関する科学的根拠に基づいた新しいメソッドを伝えるために、スポーツ教育学に関するバックグラウンドを持っている必要がある[*9-11, 15, 35, 36]。

バランス感覚にはどんなものがあるのか？

立位バランスとは、すべての子どもが自然の発達過程において獲得し、健全な人格形成のための基礎となるものである（自尊心と自我同一性）。バランスが崩れると―すでに説明したように―自然とほかのすべての感覚領域も崩れる。

バランスをとるためのバランスとは、ライダーが馬に座った状態で行うスキルである。問題なく乗るためには、このスキルを高度に習得する必要がある。尻には多くの知覚と運動の協力性のスキルがあり、このスキルは日常生活での硬直した座り方や、小さすぎる鞍または深すぎる鞍（ディープシート）によって失われる。これは、ライダーの基本的な姿勢制御力が失われることを意味している。

回旋バランスとは、腕や手で大きな釣り合い動作をする必要なく、自身の軸を中心に回転するスキルをさす。

飛行バランスとは、地面から離れて空中に飛び上がり、着地時に直立姿勢を失うことなく安全に着地するスキルである。身体の長軸が変わると、バランス力の問題が浮き彫りとなる。バランス力は乗馬に対しさまざまな意味を持つ（後述）。バランス力は、運動学習そのものの基礎となる複数のコーディネー

馬に乗れることとは、調和ができることを意味する

ション能力のうちの1つである[20]。その点で、バランス力は最高のスキルと考えられる。バランスの崩れを補う必要があるライダーは、ほかの動作に注意を払うことができず、学習効果も限定的になってしまう。

乗馬中、人は自分の身体に、また馬とのコンタクトにおいて、非常に多くの細かな動きを感じとるため、バランスが崩れていると、身体を整合したり馬と協働したりすることが非常に困難になる。

整合

スポーツ教育学的に整合とは、ライダーの身体内部のすべての筋肉の動きが協働すること、つまり、身体の個々のセグメントを馬の動きに合わせて、調和させることを意味する[20]。

他種のスポーツよりも学習、レッスン、トレーニングで考慮されるべき側面がたくさんあるため、乗馬は複数のタスク（課題）をともなうスポーツとしても知られている。

レッスンの際、人は一度に1つのことしか行動に移せないため、2つの側面を決して1つのものとし

馬上のエクササイズ　基礎編　129

て指示してはならないことを意味する[*37-40]。乗馬インストラクターは、馬またはライダーに対して1つのタスクのみを指示することがポイントである。2つを混合してしまうと、ライダーはタスクの背景にある意味を意識することができず、一連の動作プロセスが崩れてしまう。ライダーの動きを改善するには、ライダーの身体がいわば常に考えていることなく機能し、レッスンつまり馬に全神経を集中できる状態でなければならない[*41,42]。

バランスとリズム

バランスとリズムは、互いに作用しあっている。つまりライダーは感情的、筋肉的、前庭的および運動覚的に、完全にバランスがとれている場合にのみ、リズミカルに動けるということである。

そうでない場合、ライダーの動きはリズムが乱れた状態となる。いかなるリズムの乱れも、ライダーのバランスがとれていないことを示している。このことから、ライダーのリズム力はトレーニングスケールにおいては重要で、2番目の – バランスにつぐ – ポイントとなる。

その際、筋の不均衡に関連したリズムの乱れはまた、身体のブロックに基づいて発生しうることを強調したい。そのため、そのような状況下では、乗馬の誤りがバランスの欠如によるものか、それとも筋の不均衡によるものかを、インストラクターが判断するのは困難である。

> ライダーは乗馬中、同時に多くのタスクに直面する。
> バランス力はライダーがリズミカルに動作するための基礎である。

動作リズム

一般にいわれているように、リズムとは動作の時間的、空間的、動的秩序の表れである。これは、ライダーが全体としてまたは各部位の動きのなかで、収縮と弛緩を繰り返すことに関連している。

さらにリズムは、客観的リズムと主観的リズムとに分けられる。馬はあらかじめ、ライダーにある種の客観的リズムを与えているといえる。馬は、とっさにはそのときの条件（体格、筋組織、推進力関係、

気質）に基づいてしか動きようがなく、準備ができ
ていなければ異なる動作はできない。

調和のとれた運動を可能にするためには、ライ
ダーはまずこの客観的リズムに適応する必要がある。
あらかじめライダーが馬と同じリズムをとっている
場合にのみ、馬は乗馬理論に従って最適に動くこと
ができるように、ライダーは自分の身体をとおして
（主体的に）、馬のリズム（馬が有する物体としての
リズム）を変更することができる。馬はかならずラ
イダーより大きいため、馬より小さいライダーは常
に動かされる立場にある。

軽速歩をしていると、ライダーと馬の間のこの調
和的な関係がはっきりとわかる。最適なリズムだと
わかる外見的な目印は、そのつどの移行と繰り返し
のなかにも、周期的で軽やかで、調和のある動きの
流れがある。

ライダーは、バランスとリズムがとれた状態に
なってはじめて「感じる」ことができる。なぜなら、
そうしてはじめてライダーは馬に完全に適応し、馬
の動きに従うことができるようになるからである。
ライダーと馬のリズムが融合し、両者は融け合って
一体になる[28]。

乗馬の基本ができれば、馬の動きを感じられるよ
うになる。人馬一体は、馬の背中から発信され、ラ
イダーは骨盤で受け取り、反応を馬へ返すことで生
まれる。

> ライダーはさまざまな
> リズム力を持っている
> 必要がある。
> バランスとリズムは一
> 体である。

運動感覚

スポーツ科学は運動感覚という概念について、
25年もかけて議論してきたが、これはこの概念が、
人の理性よりも感情に基づくものだったためである。
今日では、人のこの特性がさまざまな立場から検討
されているため、この点について簡単に説明してお
かねばならない。

知覚と感覚のプロセスをさして、運動感覚と呼ば
れている。ライダーの運動感覚とは、馬の動きとラ

イダー自らの動きの空間的、時間的および緊張的関係を知覚するスキルをさす。また、ライダー自らの身体と馬体の個々のプロセス、あるいはさまざまな乗馬状況におけるライダーと馬の一体的な動き（協働）を知覚するスキルをさす。その場合に、ライダーのすべての感覚（眼、耳、内耳の平衡感覚、皮膚、運動覚系）の協働が必要である。

　感覚豊かな乗馬の土台となるのは、自分の身体を意識するスキルである。ライダーは自らのスキルと限界を見極めつつ、自分の身体を状況に応じて正しく使わなければならない。ライダーは収縮状態と弛緩状態を経験し、身体の立体的な伸長化力を感知する必要がある。こういった見方は、身体意識と呼ばれる。ライダーが自分の身体に意識的であるならば、ライダーはさまざまな状況のなかで自分の身体を知覚し、馬に乗っているときに自身の身体がどんな影響を与えうるかを感知している。

　リラックス、軽やかさ、安心、正確さ、力動性、調和などの動きのカテゴリーは、運動感覚と密接に関係している。それらは、乗馬中のライダーに常に存在する。

　運動感覚は、心の状態を認識する方法の1形態ともいえる。さらに、馬場馬術（ドレッサージュ）における歩度の伸長や障害を飛越するときの意欲的な感情に関わる問題である。しかし、不安状態は運動感覚にも関係している。運動感覚における感情は、至高の喜びと身に迫るような恐怖感との振れ幅のなかで、行ったり来たりしている。

　運動感覚は常に、知覚と運動、感知と影響が統合されたものとして理解されなければならない。運動

運動感覚とは

✓ 知覚
✓ 運動に関する意識
✓ 精神的リラックス
✓ 知覚と運動の統合：感知と影響
✓ 乗馬力
✓ 感覚に関する識別力

感性豊かな乗馬で満ちたりている馬

　感覚は、ライダーと馬との調和的な「コミュニケーション」を意味する。つまり、ライダーと馬の間の「共感し、そっと相手の心に寄り添い、そしてやさしく接する[*43]」プロセスに関係している。知覚と運動は同時進行で互いに関連し合っている。

　ライダーは、自分がこのように認識しているのは動いているからなのか、それともこのように認識しているから動いているのかに、気づいていない。これは一致（2つの出来事が同時に起こること）という概念にあてはまる。両方の次元が絡み合っているのである。そのつながりは因果関係として理解されるべきものではない（私がそうやって動いているときに、私はそう感じる…）。

感性豊かな乗馬をする

　運動感覚は、トレーニングの質の高さと関係している。ライダーが乗馬トレーニングにおいて高い質のパフォーマンスを発揮しているときは、乗馬インストラクターは、その生徒について「彼は感性豊か

な乗馬をしている」と言葉では表現する。

感性豊かな乗馬たらしめるものの中核は、馬とライダーのリラックス、ライダーの動きが馬に融合すること、つまりライダーと馬が共有するリズムを統合していくことである。

インストラクターにとって、感性豊かな乗馬が際立ってみえるのは、トレーニングと馬の動きが「ぴったりと合っていて、調和がとれ、目的に適っていて、完璧に美しい[44]」と認識されることによる。

運動感覚は「乗馬力」と言い換えてもよい。乗馬力を身に付けているライダーは、インストラクターがいつも手出しする必要はない。自分の意思に従って自身と馬とに自覚的に影響を与えるスキルを持っているからである。ライダーは自分自身と馬のために独立して決定を下すことができ、乗馬におけるさまざまな課題に対して、容易に適応していくことができる。

運動感覚は、感覚に応じた識別力（運動覚系による弁別力）をも意味する。運動覚系からの情報は筋肉、腱、関節にある受容体（固有受容器）が受け取り、さらに別のところへ伝えられる。これらの受容体は、ライダーに緊張感や位置感覚、そしてライダーの身体と馬体に力動性を伝える。こういった情報はほかの感覚器官からの情報よりも速く脳に届き、ライダーが迅速に行動を起こし、反応できるようにしている。

ライダーは運動覚系による識別力を土台にして、自分の身体と馬体の向き、速度、リズムを自分で決定することができる[25, 43, 45-49]。

扶助の使い方と効果

ライダーのトレーニングスケールの最終段階で、ようやく細分化された扶助の使い方がきわめて重要になってくる。ライダーは、馬に結局何が起こっているかを正確に感知した場合にのみ、適切な推進扶助と制限扶助を使用することができる。バランス力とリズム力がより良くトレーニングされればされるほど、馬への扶助がより精緻になる。

馬とライダーのトレーニングスケールを織り込む

ライダーのトレーニングスケールを段階的に進めるなかで、個々の段階は、ライダーの扶助や扶助効果を避けて展開されるべきではない。扶助は、調馬索を使うところから1人で乗れるようになるまでのライダーの個々の学習段階において、ますます複雑になっていく。すでに調馬索を使う段階では、バランス力とリズム力のトレーニングの一環として、ライダーは基本的な動作状況でさまざまな体重扶助、脚扶助、手綱扶助を学び、使用する必要がある。

ここで大切なのは、ライダーの扶助プロセスおよび馬の反応に関する認識である。感知と影響のつながり* 45, 46, 50 は、認知的なつながりを感覚することができるようになるための基礎である。たとえば、馬がどのように動くか、馬の動きがその馬体でどのように伝わるか、自分のどの動作が馬の動きをサポートまたは抑制するのかといったことである。この過程を経て人と馬に調和が生まれるのである。

乗馬理論の体系を感覚的にまた理性的に体得するために、ライダーは自身のバランス力とリズム力の養成段階においてすでに、扶助操作力および扶助の伝達力に関連して、調馬索を用いたレッスン、または自身の単純な馬場運動のなかで、鍛えられている必要がある。

インストラクターは、ライダーに対し課題を設定すべきであり、その課題は馬とライダーとの間の運動のつながりを感じ、その背景を理解し、後で馬に扶助を伝えるにはまずは馬に適応しなければならないことを理解できる必要がある。

あらゆる問題において、乗馬インストラクターはおもに命令者として行動するのではなく、助言者であり仲裁者としての役割を果たす* 51。インストラクターによる（命令ではない）運動課題に従って行うライダーと馬との取り組みから、ライダーが得た感覚は、ライダーとインストラクター間のコミュニケーションをとおして、乗馬理論と運動学に対する

ライダーの理解へと転移される必要がある。そして、その感覚を理論的に理解し、ライダーが将来独立したときのための重要なポイントとして役立てるべきである。たとえインストラクターがついていなくても、ライダーが自身と馬に対して適切な判断を下すことができるようになるためである。

トレーニングスケールに沿ったエクササイズを選択する

親睦期は、さまざまな段階に区分できる。その際、それぞれの段階を順番どおりに行う必要はない。ライダーの養成段階や課題に応じて、インストラクターまたはライダー自身でエクササイズを選択してもらいたい。

どのエクササイズが自分にとってもっとも効果的だと感じるかは、ライダーによりそれぞれである。インストラクターは、ライダーの変化を観察していれば適切なレッスン方法がわかる。同様のことがライダーのトレーニングスケールの別のフェーズにも当てはまる。親睦期に推奨されるさまざまなエクササイズ（145 ページ参照）もここに含めてよい。

ライダーのためのつぎの養成段階では、ライダーが突き当たるさまざまな課題（筋肉、運動覚系、前庭系）に関するバランス力を養うエクササイズを課題の状況別に、調馬索を使用するエクササイズの提案および 6 ポイントプログラム（161 ページ、174 ページ参照）から選択できる。

ライダーの成長段階に応じて、さまざまな調馬索を使ったエクササイズが取り入れられるが、これはリズム力を養うためでもある。ライダーはさまざまな座り姿勢をとり、調馬索を使いながら、モンキー乗り、対比エクササイズの経験、座りエクササイズおよび感覚エクササイズのような課題を取り入れたうえで、バランス力に加えてリズム力もトレーニングする。6 ポイントプログラムのエクササイズも、筋のバランスを促すことができる。その際、ライダーの課題に合わせたエクササイズを選択する必要がある。

1 6ポイントプログラムで行われる、肩のためのエクササイズ
2 155ページの両手描画（ダブルドゥードゥル）での1場面

　ライダーがわずかに前傾して座った場合、とくに収縮傾向にある胸筋によって、過度に前傾してしまう。その一方で、肩甲帯部分が弱まることでこれに対抗できない。したがって、肩甲帯の筋肉を強化しつつ（たとえば、ゴルジ腱器官およびそのほかの受容器を刺激することにより）胸筋の働きを弱める必要がある。

　バランスよく鍛えられた上半身の筋組織は、まっすぐな座り姿勢をつくるのに役立つ。

　こういったいわゆる筋の不均衡はリズム力を低下させるため、ライダーの身体の収縮傾向にある部位を動かすことで、筋のバランスのみならずリズム力

馬上のエクササイズ　基礎編　　137

> すべてのエクササイズは、ライダー（および馬）のトレーニングスケールのフェーズにふさわしいものでなければならない。

にもアプローチすることができる。そうすることでライダーは、馬と一体となりバランスがとれるようになる。

ライダーは馬のリズムを自分のなかに吸収し、そのうえで、馬のリズムの欠点を自分のリズムを使って扶助をとおして補わなければならない。

どのような扶助が生まれるかは、ライダーの感性にかかっている。つまりライダーは、最初は馬によって動かされる（大きいものは常に小さいものを動かす）だけだが、すでにはじめの段階で、その先の扶助の使い方と効果に関して‐常にライダーのスキルを考慮しながら‐説明することはインストラクターの仕事である。

この段階から、調馬索を使った扶助や、単純な馬場運動での扶助といった、基本的な観点が重要になる（134 ページの"馬とライダーのトレーニングスケールを織り込む"参照）。したがって、推進扶助と制限扶助との密接な関連性が、ライダーのなかに時間をかけて養成されていく必要がある。課題の複雑さや、扶助の使い方と効果の複雑さを考慮しつつ、指導方法を決定することは、乗馬インストラクターの仕事であり、責任は重大である。扶助の使い方をとおした馬への影響というものは、ライダーのバランス力、リズム力、運動感覚の発達段階によって差が出る。選択できる扶助は、ライダーのトレーニングレベルに応じて決まる。

> ライダーの動作に課題がある場合には、それぞれの課題にあわせたエクササイズプログラムで対処する。

馬上のエクササイズ
実践編

実践編のライダーの親睦期

脳にもエクササイズが必要

　以下の解説は、ブレインジム（キネシオロジーエクササイズ）のコンセプトと関係している。これは学習を広く容易なものにし、人の潜在意識下にある根本的な問題を解決するため、デニッソンらによって開発された手法である[37-39, 52-54]。

　すべてのインストラクター、ライダーは、基本的な観点を網羅したうえで、より深くスポーツキネシオロジーを使って、このテーマに取り組む必要がある[55-57]。

　ブレインジムのエクササイズコンセプトは、ストレス下にいる人々（ライダーを含めて）を助けるのに非常に効果がある。このエクササイズは、感情的な問題や潜在意識のブロックから解放し、新しい学習プロセスを徹底して促すのに役立つ。

　つぎに述べることはなんらかを揶揄するものではなく、むしろ長年の仕事の実践において得られた経験値を、批判的に反映したものと理解されたい。

　現代人は運動量があまりにも少なく、スポーツをする機会も少なすぎるため、身体の動きに対する感性とその質が低下している。そのため、昨今の多くのライダーは自分が実際に馬に乗ってどういった運動をしているか、どのように乗っているかを常に的確に知覚しているわけではない。ライダーは、自らに対して歪んだイメージを持っていることがよくある。つまりライダーは、自分を外側からみているインストラクターと同じようには、自身をみることも感じることもできない。

　ライダーの運動感覚はいくらか差し引かれたものとなってしまっている。乗馬インストラクターからみたライダーの外観が、ライダーの内的イメージの外観と一致している場合にはじめて、繊細な運動感覚について語ることができる。ライダーがより感覚に引き寄せて動けば動くほど、より自分自身を内側

140　馬上のエクササイズ　実践編

レイジーエイト（152ページ）はクロスコーディネーションを促す

　からみること、自分のスキルを把握することができ、自分の弱点がわかるようになる。

　経験の浅いライダーほど、自分が実際に乗っているよりも上手に乗れていると思っているものである。彼らは、感覚に頼って自分を眺めることができない。"頭"で乗っているのである。つまり乗馬中に考えすぎているのである。というのも、目先のとるべき操作を考えることで、常に頭をいっぱいにしているからである。

　部分的に感覚頼りに行えるはずの基本的な運動経験（44、66ページの"両側性転移"参照）が不足していることもある。このため、頭が多くのことを肩代わりしなければならなくなる。さらに学習を楽しいものに変えるような、特定の内的プロセスや事象が存在しないか、あるいは潜在意識でブロックされてしまっている。後述の説明と実践例が、これらの問題に対する解決策となることを願う。

> 運動知覚は脳内で引き起こされる！
> 脳が身体を主導するよう、トレーニングされ直されなくてはならない。

アプライドキネシオロジーとは

> アプライドキネシオロジーは、ライダーの資質を総動員させて学習をより容易にする。適切な騎座は楽に感じられる。

キネシオロジーという単語は、ギリシャ語の「kinesis」に由来しており「運動」を意味する。アプライドキネシオロジーとは、身体運動の研究を意味しており、しかも総合的なアプローチ研究である。具体的には、人の運動とエネルギーシステム（とりわけ精神的および電磁的なものを含めて）の相互作用とが、1つの全体的なつながりのなかでとらえることである。

アプライドキネシオロジーは筋肉を科学的に研究し、筋肉のテスト法やバランスの保ち方をあきらかにし、人の精神的および電磁的バランスの回復を目指す手法である。

乗馬インストラクターとライダーが、追加的な特別カリキュラムのなかでこのコンセプトの知見を得ると、この方法を用いた感性豊かな乗馬が促され、乗馬インストラクターの指導の負担が軽減される。このコンセプトでのレッスンを行うことにより、ラ

胸腺タッピング。38ページ参照

イダーのなかに、馬に乗っているときにもっとも望ましい学習条件がつくり出される。すべてのシステムの内的なバランスが保たれてこそ、ライダーはより効率的に、そしてより楽しく乗馬をスタートすることができる。

姿勢の悪さは身体のエネルギーを奪う

日常で感じているストレスは、姿勢の悪さによってさらに増強される。人工的な姿勢（硬直した姿勢で座ること）は身体にさらなるストレスを与えるだけであるため、一時的に見た目の姿勢を直したとしても、問題を解決することにはならない。本来なら使われるべき筋肉による運動連鎖が、この人工的な姿勢には使用されていない。そのため体内の運動の流れが、常にブロックされてしまう。

さらに、もしライダーが騎乗前に十分な水分を摂取していないと、身体からエネルギーが奪われてしまう。したがって、ライダーは騎乗前に水分（非炭酸のミネラルウォーター）を摂る必要がある。

ブレインジム（キネシオロジーエクササイズ）の機能

ブレインジム（キネシオロジーエクササイズ）は、おもに学習者を活性化させ（ラテラリティのアスペクト）、負担を軽減し（フォーカスのアスペクト）、リラックスさせる（センタリングのアスペクト）ために開発された[37-39, 54]。

ブレインジムを利用すると、学習の妨げを取り払うことができる。また、前述の３つのアスペクトは、より早期の成功体験につながる、最適な学習条件を生み出すため、乗馬のレッスンにとってきわめて重要である。

人の脳は立体的な構造をしている。脳は構成する各部位が相互に作用することで、はじめて脳全体が意味のある機能を持つようになる。ブレインジムエクササイズに関する理解を促すため、まず人の脳について簡単に説明しておきたい。

脳は、左脳と右脳（ラテラリティ）、後脳と前脳（フォーカス）、脳幹と小脳（センタリング）の３つ

に分類される。ブレインジムエクササイズは、この
さまざまな脳の領域を刺激することで、ライダーの
学習能力を向上させるものである。乗馬は高度な運
動神経を要求されるスポーツであるため、ブレイン
ジムエクササイズは、ライダーがストレスを感じる
場合や新たに高いレベルの学習が要求される場合だ
けでなく、日課として（歯磨きをするように）取り
入れてほしい。また、気づかないうちに３つの領域
（ラテラリティ、フォーカス、センタリング）で問
題を抱えていることもある。

　ブレインジムエクササイズは、乗馬での基本姿勢
（トレーニングスケールの親睦期）を矯正し、学び
をより効率的なものにし、より良い感覚を獲得する
土台をつくることにつながる。ライダーは自分のス
キルを最適に活用できるようになり、騎乗時の問題
の多くがほとんど発生しなくなる。

> ## ブレインジム
> ブレインジムを行うと、脳は多様に機能する。
> ✓クロスコーディネーションによるサポート
> ✓注意力を向上させる
> ✓全身の統合が可能になる

　ラテラリティは、脳の信号が身体の正中線を越え
て交差的に反対側へ伝わるスキルのことであり、身
体の中心で動作することができるスキルを意味する。
このスキルがないと、学習障害全般や脳の混乱、い
わゆる「スイッチング」現象が発生する。左右差は、
エクササイズによって統合されるようになる。つま
り、左右に全く同じように、自分自身を空間に位置
づけるスキルが生まれるのである。このスキルは、
どの馬術種目のライダーにとっても重要である。こ
のスキルなしには、ライダーは自身を最適に協調さ
せることができず、空間の位置感覚に問題が生じて
しまう。

　フォーカスとは、前脳と後脳を分ける中心線を交
差して信号を伝えることができるライダーのスキル
に関係している。特定の反射がこのスキルの妨げに
なる。こうなってしまったライダーはエクササイズ

に集中できず、インストラクターの要求を理解せず、過度に活動的になる。念のため特定のブレインジムエクササイズを行うことで、乗馬時にこの種の問題を防ぐことができる。ライダーの抱える問題に応じて、それに適したエクササイズを選択することができる（145〜160ページの"目標設定"参照）。

　センタリングとは、感情的なものと抽象的なものとの境界線を横断することができるスキルを意味する。ライダーは、感情と理性とで連携がとれていない場合、学習上の困難が生じる。

常歩で行うクロスコーディネーションのための
キネシオロジー的な眼の使い方のエクササイズ

1. 親睦期

ストレスを和らげ、
リラックスするためのエクササイズ

ハミングする

　ハミングすることで生体固有の振動が起こりやすくなる。人の身体のなかでは常に振動が駆け巡っている。ストレス下では振動数が過剰に高くなり、人は震える。振動数が低すぎると過度に無関心にふるまったり、何もしないか反応していないような素振りをしたりする。

　最適な振動のもとでライダーはバランスを保つことができる。すでに自分のなかでできあがっている動きの流れが突然止まってしまう状況には、誰でも心当たりがあるだろう。ハミングはそんなときにも重要である。ハミングすると中断した動きがふたたびすいすいと動き出す。これは潜在意識に眠っていた動作パターンが呼び起こされるからである。たとえインストラクターが怒って喚き散らしても（彼にだって虫のいどころが悪いときもある）、ハミングをすればライダーは自分の身を守ることができる。

> **目標設定**
> ✓ 生体固有のポジティブな振動を生み出す
> ✓ たった今失われた動作の流れを再活性化させる

舌を上顎に押し当てる

　舌の先端を上顎切歯（前歯）の約0.5cm後ろの口蓋にそっと押し当てる。このエクササイズを行うと、身体エネルギーが損なわれることがない。エネルギーが中心に集まるのである。それゆえ人生の重要な状況や乗馬の際、常に舌の機能に注意を払う必要がある。この舌のエクササイズは、バランスを促し、ライダーの繊細な座りを実現させるために取り入れることができる。

1 舌をそっと口蓋に押し当てる
2 胸腺タッピングがストレスを軽減する

> **目標設定**
> ✓ 内的および外的により良いバランスをつくる

胸腺タッピング

　手を握り指の関節部分で胸骨を数回コツコツと軽く叩くと、反射的に胸腺が活性化される。胸腺をコツコツと叩くことで、ストレス状態にある人が理不尽なプレッシャーから身を守ることができ、繊細な乗馬のための土台を整えることができる。気づかないうちに受け取るストレスから身を守るため、誰もがこのエクササイズを1日に数回行うとよい。とくに強いストレスが感じられる場面でも、このメカニズムを知っておけばライダーを緊張やストレスから解放することができる。

> **目標設定**
> ✓ ストレスから解放させる
> ✓ 生体固有の力を活性化させる

馬上のエクササイズ 実践編　147

集中しすぎると多くの筋肉が過度に活発化してしまうが、笑顔は緊張をほぐす

笑う

ライダーは笑うことで自らをポジティブに保つことができる。笑うと顔面から首をとおり骨盤、そして足までの筋筋膜スリング（筋連結）が活性化される。笑顔のライダーは常に馬と調和した動きのなかにいる。

総じて乗馬では、真面目になりすぎるうえにレッスンも堅苦しい内容になりすぎる。そのため真剣すぎるライダーは決してリラックスしたり、緊張がほぐれたりすることはない。だからこそ、乗馬のレッスン方法は、乗馬の課程を生真面目にこなしながら、同時に遊ぶように好んで取り組めるように、組み立てられる必要がある。この基本的な条件が整えば、良いライダーに近づいていく。

> **目標設定**
> ✓ ライダーの身体内部の運動伝達を促す
> ✓ ライダーのリズムと馬のリズムをよく調和する
> ✓ ライダーのリラックス度を高める

ポジティブに考える

ポジティブに考えること。笑うことに加え、ポジティブな感情を引き出す考えや心地良いと感じるこ

とは騎乗姿勢の柔軟性（緊張がほぐれてリラックスしていること）にも良い影響を与える。馬と調和がとれるのはリラックスしているライダーだけである。リラックスした状態をつくることが感覚的な乗馬を実現する第1歩である。

多くのライダーは歯を食いしばって騎乗しており、咀嚼筋組織が緊張しているのがはっきりとわかる。顎関節がブロックされると、このこわばりが筋筋膜スリングを介して頭から、首、胸をとおって骨盤へと伝わる。これでは柔軟な乗馬はできない。骨盤と頭、あるいは頭と骨盤は常に互いにつながっているため、ライダーが強く歯を噛み締めていると、知らぬうちに、身体はこわばってしまうのである。

上下の顎をしっかりと噛み合わせて頭を振り、その後口を開けてもう一度頭を振ってみる。上顎と下顎が互いに「押しつけられて」いないほうが、頭を振るのが楽だと気づくだろう。

咀嚼筋を緩めるとリラックスできる。毎日「歯を食いしばって」過ごしている人は、咀嚼筋を痛める。

目標設定
- ✓ ポジティブな身体固有の振動を生み出し、より良いバランスをつくる
- ✓ バランス力を向上させる
- ✓ 内的および外的なリラックス度を高める
- ✓ ライダーの身体内部での動作の流れを改善する

眼をさまざまな方向へ動かす

まわりを見回すように視線を巡らせる。眼は人体の動きを先導するようになっている。つまり、眼が主導権を握り、脳と身体が従う。これは、運動科学から生み出された英知である。

眼が前方を凝視すると脳のネットワークがブロックされ、このブロックは骨盤まで伝わる。これではライダーは、馬の動きに柔軟にあわせることができなくなる。視線が固定されると平衡器官のストレスを招き、同時にライダーの柔軟性も損なわれる。

したがって「集中」という用語を用いる際は注意

馬上のエクササイズ 実践編　149

眼と頭の位置を使った多様な動きにより、ライダーはリラックスできる。視線が固定されると、頭の関節の動きがブロックされ、骨盤の動きが硬くなる。

を要する。インストラクターからライダーに与えられるべき指示は、純粋に知的なものへチャレンジする心を刺激する内容で行う。ライダーは、認知プロセスをつかさどる左脳を酷使するにもかかわらず、1度に1つのことしか処理できない。ライダーに集中するよう促すと、外から見てもあきらかなほど、眼を使って集中してしまい、それによって全身的にもブロックされてしまう。

スポーツ的な動作プロセスの意味において、こういった類いの集中を美徳と謳い上げることには疑問が残る[*58]。ライダーは特定のタスク（課題）に注意を向ける必要がある。乗馬インストラクターは聴覚だけではなく、複数の感覚を含めて考えてほしい。インストラクターはライダーに視覚に関する指導を行う際、図形運動に関心を向けさせると、ライダーはより自然でリラックスして座り、扶助を伝えることができる。したがって、全身的な運動伝達が起こる（頭から足へ、または足から頭へ）。

目標設定
- ✓ 全身的な調和を向上させる
- ✓ 身体内部の運動伝達を向上させる（ライダーの振動）
- ✓ ライダーは緊張が緩和でき、リラックスする

1 意識的な呼吸は、緊張の防止になる
2 効果的な呼吸は、下部胸式呼吸である

呼吸を整える

　もっとも重要なルールは以下のとおりである。鼻から息を吸い、唇を少しすぼめて息を吐く。身体からすべての有害物質を排出するために、完全に息を吐き出すよう留意する。

　自然な呼吸は通常、浅くて短い。呼吸は2つのタイプに分類できる。1つは胸郭の上部に息を吸い込む呼吸、もう1つは腹腔に息を吸い込む呼吸である。こうした呼吸では、呼吸の効果を十分に発揮することができない。

　多くの人は胸郭が盛り上がったり腹部が膨らむことが、上手な呼吸ができていることの表れだと考えているが、どちらも誤りである。もっとも効果的な呼吸は、胸郭の下部と側部に呼吸を導く下部胸式呼吸である。空気が肋骨全体を横と後ろに広げるように、臍を少しへこませる。息を吸うと、腹筋に一定の軽い緊張が生じ、この緊張がライダーのまっすぐに起こされた姿勢を支える。

　馬上でリズミカルに息を吸ったり吐いたりすることで、ライダーの骨盤は自然に動かされ、リズミカルに緊張とリラックスを繰り返す。この臍をへこませる方法は、非常に感覚的に行う必要がある。なぜならライダーは、馬の妨げにならないように、このテクニックを使用することでも馬の歩法やテンポを

変えることができ、またそう行うことが望ましいからである。

臍を強くへこませるほど、骨盤によりに集中的に扶助を与えることになり、それにより馬は、この刺激を停止の合図として受け取る。

半減却の際におもに働きかけるのは、臍をへこませる動きのほうであり、軽い脚扶助と控える手綱扶助は、反応的に働きかける付随的な合図である。

多くのライダーは移行中に骨盤を「少し起こす」ようにするが、腹筋と臀筋を緊張させることで骨盤からの流れをブロックしてしまっている。こういった扶助は影響が強すぎてしまうのが常であり、馬の動きの流れを妨げ、緊張を招いてしまう[*59]。

> **目標設定**
> ✓ ライダーは緊張が緩和でき、リラックスする
> ✓ ライダーと馬の振動を調和する
> ✓ 走行中に馬を動きの流れを止めないようにする

脳のレッスン

クロスオーバー

片方の腕を反対側の足に向かって動かす。これを左右交互に行う。この動きに合わせて眼も動かす。身体の正中線を交差させるために、手を反対側の足まで数回動かす。このレッスンは、反対方向への捻る力を使って実行するものである。同様に、手で（左右交互に）馬の尻に触れることにより、身体の長軸まわりを柔軟にするエクササイズを行う。

> **目標設定**
> ✓ 左右への眼の動きを強化する
> ✓ 両眼立体視、左右の整合、空間認識、聴覚および視覚を矯正する
> ✓ 無駄のない動きにより、呼吸と全体的な運動能力が調整される

152　馬上のエクササイズ　実践編

馬上で身体の正中線をまたぐクロスオーバーを行うと馬に乗るのが楽になる

エクササイズ中に、右手で左腕を支えてもよい

レイジーエイト

　目線の高さで、目の前の1点をみる。この点を横に寝かせた数字の8の中心とする。心地良いと感じる姿勢で、空間に8の字を描く。描く大きさは自分で自由に決めてよい。視野の届くかぎり、また腕が動くかぎりにできるだけ大きく8の字を描くと、より高い効果が得られる。

　右脳がすぐに刺激されるようにするには、左手を8の字の中心に置き、まず視野の左半面に、腕を上に向かって反時計回りに動かし、円を描くように開始位置に戻す。中心に戻したら、今度は時計回りに上に動かし、右半面に円を描き、開始位置である中

馬上のエクササイズ 実践編 153

レイジーエイトは、一般に動作の流れをサポートする

心点に戻す。

　エクササイズは数回行う。眼を閉じたまま実行してもよい。ハミングで動作の流れを促すことができる。頭（眼）はわずかに手の動きを追いかける必要があるが、首はリラックスした状態にする。

> **目標設定**
> ✓ 左脳と右脳を統合する
> ✓ 空間視、立体視および周辺視（視野の端で）、眼の可動域、整合性を矯正する
> ✓ 身体の正中線を交差する動きにより、眼、首、肩をリラックスさせる

エレファント

右腕を身体の前に突き出す。右耳を右上腕の上に置き、視線は伸ばした右手の人差し指または親指の方向に向ける。つぎにその腕で横に倒した8の字を描く。これにより全身の動きがスムーズになる。8の字は肘を使って左上に向かってはじめる。左腕を使ったエクササイズも行う。

このエクササイズは10回繰り返す。その際、動作の大きさに変化をつける。

エレファントは、乗馬学習をさらに楽にする

目標設定
- ✓ 視覚、聴覚および全身の可動性を統合する
- ✓ 身体の正中線を交差する
- ✓ 身体の可動性を向上させる
- ✓ 集中しながら首をリラックスさせる
- ✓ 空間視、立体視、バランス感覚の増強(内耳および平衡器官を刺激する)および上半身と下半身の整合(運動伝達)

馬上のエクササイズ 実践編　155

両手描画（ダブルドゥードゥル）のバリエーションを考える

両手描画（ダブルドゥードゥル）

　両手描画（ダブルドゥードゥル）は身体の正中線で行う、脳全体のための描画レッスンの1つである。すでに左右を区別する感覚が発達している場合は、身体の中心でも同じ腕の動きを行うことができる。両手描画は、腕と肩の大きな筋肉を使うと、全身を最大限に集中的に使うことができる。

　まずは自由に動作を選んではじめる。その後、決まった動作を設定してもよいが、このエクササイズには実験的でクリエイティブな側面があることを忘れてはならない。何をおいても重要なポイントは、それがきちんと同時に描かれることである。つまり、別々の視野のなかで、左右の手が同じものを描画する。エクササイズ中はできるだけ心を軽くして、リラックスしていることが望ましい。

目標設定
- ✓さまざまな視野で眼と手の整合を改善する
- ✓空間認識力、視覚認識力を向上させる
- ✓左右の意識
- ✓周辺視野
- ✓方向感覚および位置感覚
- ✓身体意識

ブレインボタン

ブレインボタンは、鎖骨の下にあるやわらかい組織で、左右で鎖骨にちょうど接しているところにある。片方の手(親指と人差し指)で左右のボタンを 20〜30 秒、集中的にマッサージを行い、その間もう一方の手で臍をなでる。手を入れ替えて行うと、左脳と右脳を活性化できる。ブレインボタンをマッサージすると、はじめは少し痛みを感じるかもしれないが、この反応は数日後に消える。

以下のように(頭を動かさずに)視線を向けることでエクササイズのバリエーションを広げることができる:上へ、下へ、鼻先へ、左上から右下へ、右上から左下へ、中央左から右へ(このポーズはバタフライエイトとも呼ばれる)。

> **目標設定**
> ✓ 左脳と右脳をつなげる
> ✓ 正中線を交差することで全身を整合する
> ✓ ポジティブな電気反応と化学反応を引き起こす
> ✓ 電磁エネルギーの流れを強くする
> ✓ 左右のバランスの矯正
> ✓ 首の筋肉をリラックスさせる
> ✓ 身体全体の筋肉の緊張状態を改善する

ブレインボタンは、とりわけ全身のリラックスにつながる

馬上のエクササイズ 実践編　157

バランスボタンを刺激すると幸福感が高まる

バランスボタン

　バランスボタンは、頭蓋骨が首の上に置かれる部分のくぼみのすぐ上に位置する（後部正中線のすぐ横、両側へ約 2.5cm のところで、側頭骨の乳様突起のちょうど際）。

　左側のボタンを手で押さえ、またはさすり、同時に右手で臍に触れる。その後左右の手を入れ替えて行う。

> **目標設定**
> ✓ 全体的な健康状態と姿勢を矯正する
> ✓ 過度に力んだ姿勢をリラックスさせる
> ✓ 反射と正中線をまたぐクロスオーバー（対角線の動作）を改善する

スペースボタン

　両手は身体の正中線上にあり、一方は身体の手前に、もう片方は後ろにある。前にある手の人差し指と中指は上唇の上に置き、後ろにある手は尾骨に触れる。

スペースボタンに触れると、自然な姿勢が生まれる

左脳と右脳を活性化させるため、両手を入れ替えて行う。スペースボタンを軽くマッサージしてもよい。

目標設定
- ✓ 中心領域での動作を改善する
- ✓ 焦点を合わせる、奥行き知覚、遠近の視覚遷移を強化する
- ✓ 姿勢を矯正する：股関節の左右対称性、頭の正常な位置、まっすぐな姿勢
- ✓ 注意力の持続時間を長くする

アースボタン

両手は身体の正中線上にある。人差し指と中指は、下唇の下の部位に触れ、もう一方の手は恥骨の上端に触れる。両手は2つのポイントを、30秒間押さえたままにする。

左脳と右脳を活性化させるため、両手を入れ替えて行う。その際、まず下を見てつぎに上を見る。視線を流れるように上へ下へと動かす。この2つのポイントに触れる前に、少しマッサージしてもよい。

目標設定
- ✓ 眼の遠近の調節を改善する
- ✓ 中心領域での動作を改善する
- ✓ 左右対称な腰にする
- ✓ 下半身の整合および身体全体の整合を高める
- ✓ 過度に活発な行動を防ぐ

シンキングキャップ

親指と人差し指を使って耳を引っ張り、同時にそっと外側に広げるように伸ばし、外側へ折りたたむ。耳の先端からはじめて、耳たぶまでやさしく行う。少なくとも3回は繰り返す。

馬上のエクササイズ 実践編　159

シンキングキャップはライダーの注意力を向上させる

> **目標設定**
> ✓ 注意を集中させる
> ✓ 正中線を交差する動作と全体的な"健康状態"を改善する
> ✓ 顎、舌、顔の筋肉をリラックスさせる

ポジティブポイント

両眼の上の2つのポイントを、指先で軽く触れる。ポイントは額の生え際と眉毛の中間、前頭骨の隆起しているところにある。

ネガティブな考え方や、将来的によりポジティブな方法で対処したいと考えている感覚に焦点を当てる。眼を閉じ、リラックスする。眼は開けたままにし、時計回りにゆっくりと回す。その逆に回してもよい。

重要なポイント　全体としてライダーは、この章で紹介されているエクササイズをとおしてさらに強力に、精神状態にポジティブな影響を与えることに慣れていくことが望ましい。質の良い動作は、身体的なプロセスによって生じるだけでなく、身体のコンディションと運動神経に加えて、精神的および電磁的なバランスによっても生まれる。

> **目標設定**
> ✓ ストレスと緊張をほぐす
> ✓ ストレスなく扱えるようになる
> ✓ 脳のブロックを解く

160　馬上のエクササイズ 実践編

乗馬前にリラックスすることで、学習能力が強化される

馬上のエクササイズ 実践編　161

2. プッシングパワー(推進力)の養成

バランス感覚とリズム感覚を高めるエクササイズ

調馬索を用いた騎座および感覚エクササイズ

　調馬索を用いた一般的な騎座のレッスンでは、しばしばライダーを強制的にある型にはめこもうとする傾向がある。たとえば、脚を過度に伸ばした場合には、骨盤がブロックされてしまう。

　鐙と手綱を使わずに、調馬索を用いた騎座のレッスンを行うときには、正しい手綱の持ち方に沿って腕を保つことや、つま先を引き上げたりすることをライダーに強要してはならない。手綱を持たない状態で手を正しく保っているとき、ライダーは馬の口とうまく連携している場合に必要な筋肉とは、全く異なる筋肉を必要とするからである。また鐙なしでつま先を引き上げる場合も、脚全体が固まってしまい、不安定な騎座となる。

　踵とつま先をそれぞれ自然な位置に導くには、鐙

身体を抱きしめるようにして、肩を左右へ動かす

でやわらかいコンタクトをとることが適している。鐙を使用せずにつま先を意図的に引き上げることで脚がブロックされてしまう。鐙がないときには、脚は自然にだらりと垂らしたままでよい。

手綱や鐙を使わずに調馬索を用いてフォーマルな騎座のレッスンを行えば、座りが矯正されるという考えには誇張がある[60]。機能理論の運動科学的なアプローチ[61, 62]に従えば、運動プロセスの変化は、位置的およびエネルギー的にみて元の状況におけるのと等しい事象が人のなかで経過するときにのみ生じるという。だが、手綱と鐙ありで騎乗している状態と、手綱と鐙なしで騎乗している状態とでは、ライダーの感覚が異なってしまうためである。ただ、鐙もなく、かつフォームもとらずに騎乗することで、馬がライダーをより動きやすくさせるということに気づくことができる。

> テクニック(扶助の使い方)よりも運動感覚が先！
> さまざまな座り方により、ライダーの乗馬感覚は
> 研ぎ澄まされる。

調馬索を用いた対比エクササイズ

対比エクササイズによりライダーは、今の自分にとって最適な座り位置を感覚的にわかるようになる。対比エクササイズは、常歩、速歩、駈歩で行ってよい。その際ライダーは、都度、鞍の上で極端な姿勢で座る。

常歩、速歩、駈歩で走行しながら、ライダーは鞍に座って乗るときに、ぎりぎりやっとバランスがとれるところまで身体を左右にずらす。上半身を、前後にできるところまで曲げる。

ライダーは、さまざまな状況のなかで極端な負荷をかけることで、最適な姿勢をより簡単に見つけ出すことができるようになる。このエクササイズにより、身体がふたたび今のこの体格に合うように座ることができれば成功である。同様のエクササイズは、モンキー乗りでの常歩、速歩、駈歩で行うこともできる。

馬上のエクササイズ 実践編　163

調馬索を用いた対比エクササイズ

164　馬上のエクササイズ　実践編

駈歩、速歩、常歩における
"モンキー乗り"

調馬索を用いたモンキー乗り

　モンキー乗りをとること（通常の姿勢における前傾姿勢—大きな関節を柔軟にする、197ページ参照）、および頭を上方と後方に伸ばした姿勢をとること（頭の関節をフリーにするために/広げるために）により、比較的短時間で柔軟で基本的な騎座が得られる。というのも、この姿勢は身体のすべての関節を最適な状態にするからである。頭から足への運動伝達がよりスムーズに流れるため、身体が硬いライダーの場合はより動きやすくなり、座りが非常に動きやすいライダーの場合は、よりまとまりのある整合的なものに変化する。

動作が身体全体をスムーズに流れ、柔軟で、まとまりのある座りに変化する。

調馬索を用いたエクササイズの応用

> 馬がどのように動くかを感じ、そして理解していれば、後に状況に即して適切な扶助を行うことができる。

調馬索を用いた騎座のエクササイズでは、6ポイントプログラムの大部分を十分に活用でき、その結果、後に生じる馬上におけるライダーの課題への最適な準備ができる。

ライダーは167ページ以降に提案されているエクササイズを、馬上で、常歩、速歩、駈歩での走行の際に実践し、その後自分の身体にどのような変化が生じたかを感知してほしい。このようにして、ライダーは自身の動作の流れの違いについての感覚が研ぎ澄まされる。

すべてのライダーが乗馬テクニックを向上させることができるのは、自分のなかで何が起こっているのかを感じとるスキルがある場合、および馬の動きの変化を察知し、それについてフィードバックすることができる場合のみである。ライダーは、自分の身体を感知する―馬体を感じとることのつながり（およびこれらがうまく絡み合っていること）を内的な眼を使って体感し、その結果、扶助（乗馬テク

身体を巻き込むまたは広げる動作

ニック）を用いて応えるスキルを持つことができる。
残念ながら、これまでは乗馬テクニックに重きが置
かれすぎていた傾向が強い。

　乗馬レッスンの初期段階には（もしくは、もう少
し後になって特定の感覚を得るために）、調馬索を
用いた練習方法がたくさんある。調馬索を用いれば、
ライダーは自身に完全に注意を向けて、自分の内側
の声に耳を傾けることができ、はじめのうちは気づ
けなかった変化のプロセスにも、インストラクター
によって気づかされることになる。

　さらにインストラクターは調馬索によってライ
ダーを、技術的および感覚的な成長が必要とされる
シチュエーションに置くことができる。つまり、こ
こで念頭に置かれているのは頻繁な移行によって歩
法、手前、テンポを変えたり、リラックスに注意を
払ったり、といったことである。

　続いて行うレッスンでは、学習段階にふさわしい
バリエーションを用いて、さらに段階の進んだ調馬
索なしのフリー乗馬のときにも活用される。その際、
さまざまな基本扶助（体重扶助、脚扶助および手綱
扶助ないしそれらの統合的な使い方）を取り入れる
ことについても考慮する必要がある。

バランス感覚とリズム感覚を
さらに高めるエクササイズ

　ライダーが、自分の身体の下で何が起ころうとし
ているか、馬がどのように動くかを感知できていな
い場合には、正しい体重扶助、脚扶助および手綱扶
助を与えることができない。

　ライダーが馬の運動プロセスを感覚的に「意識し
ている」場合にのみ、ライダーは馬によって動かさ
れることができ、体重扶助、脚扶助および手綱扶助
を、馬の動きを阻害するのではなくプッシングパ
ワー（推進力）を促すために与えることができる。

　次ページ以降のエクササイズは、ライダーが馬の
動きをより意識的に感じとりそれが内面化する、つ
まりしっかりと感覚的に身につくのに役立つもので
ある。ライダーはエクササイズ中、視覚的に気をそ

馬上のエクササイズ 実践編　167

らされないように、かつ注意を内側に向けるようにするために、眼は閉じたままにする。

前屈する

眼を閉じたまま馬の首のほうへ前屈し、両手で馬の右胸と左胸に触れる。左前肢ないし右前肢がいつ前に進むかを、前もって伝える。まっすぐな座り姿勢では、知覚することが難しくなる。

ステップの流れを感じとりながら前屈する

同じ前屈の姿勢でいつ左後肢ないし右後肢が地面から離れるかを伝える。うまくいかないときはインストラクターが補助し、馬がいつ左後肢と右後肢を地面から離すかを伝える。この助けを借りて馬の動きをより意識的に感じとり、その後多くの場合、感覚に基づいて馬の動きをより早く読みとることができるようになる。

常歩で走行中に、前肢の動きを感じとりながら前屈する

常歩で肢の順番を感じとる

常歩で走行し、馬の肢の順番を追いかける（眼を閉じて行う）。たとえば、最初に前肢が動き、それに続いて後肢が動く、と伝える。

その後、さらにそのステップの流れを、つながりのなかで感じとろうとすることが望ましい。そのために肢に番号をつける。たとえば左側の前肢は1番、右側の後肢を2番、右側の前肢を3番、左側の後肢は4番とする。

速歩で肢の順番を感じとる

速歩で走行中に、いつ左前肢 / 右前肢ないし左後肢 / 右後肢が地面を離れ、着地するかを伝える。

駈歩で肢の順番を感じとる

駈歩で走行中にも、いつ内側の後肢 / 外側後肢が着地するかを伝える。

馬の動きを感じとる

これらのレッスンのバリエーションには制限がない。目的は、馬の動きに気づけるようになることである。ライダーは感覚的に馬の動きがはっきりとわかることにより、意識的に馬に扶助を与えることができる[45]。

3. キャリングパワーの養成

座りの運動構造

運動構造とは、動きの要素、力または動きの流れの調和のとれた、あるいは体系化された構造として理解される。騎座は調和のとれた絡みあったシステムとして理解されるべきで、そのなかで各部分がそれぞれの意味と重要性を備えている。

ライダーの座りは「立ち座り」の1つ

まずライダーというものの全体像を考えなければならない。ライダーの座りの基本構造とは、ライダーの身体の下から馬がいなくなったとしても、そのままライダーが地面に立っていられるように身体の各部分が配置されている構造をさす(肩、腰、足は、地面と垂直線上に並ぶ)。

そのため腰かけ乗りの傾向は、縫際乗りの傾向と同じくらいに疑わしいことがわかる。おおまかなところがうまくいっていれば、問題となっている各要素を度外視することなく、まずはライダーの座りに合格点を与えることができる。ただし、この基本構

> **監訳者注**
> **腰かけ乗り**
> 鞍上でライダーの上体が垂直よりも後ろにいってしまい、骨盤が後ろに傾いてしまっている状態。椅子座りともいう。

> **監訳者注**
> **縫際乗り**
> 鞍上でライダーの上体が垂直よりも前にいってしまい、骨盤が前に傾いてしまっている状態。

赤線は目安にすぎない。「こうしなければならない」ととらえないように

腕のエクササイズを交互に行うと、肩関節の可動域を広げることができる

造による姿勢を自然にとることが重要である。ライダーが自分自身で、もしくはインストラクターの要求によって、この姿勢が強制されていると感じられてはならない。

相互的な依存関係

身体の各部分の相互関係およびそのつながりについては、例示のみにとどめる。

頭は、身体全体に対する司令塔である。頭が適切に支えられていなければ、身体の至るところに問題が生じるようになる。頭が最適に振動できるよう、鼻は水平面より約3cm低い位置にあることが望ましい。ライダーが目線を低くしたり、首を後ろに反らせたりすると、身体全体が硬くなり最適な振動ができなくなる。

さらに、肩まわりと骨盤の関係性が重要になる。これら2つの軸は相互作用がある。骨盤が傾いている場合、多くは肩も反応的に傾いた状態になる。

ライダーの猫背姿勢は上半身に影響を及ぼすだけでなく、骨盤を後方へ傾かせてしまう。その結果、ライダーは腰かけ乗りをしてしまう。

同様に頭を後方へ引くことは、骨盤が前方に倒れて腰が反ることにつながり、反対に頭を前方へ出す

> ライダーの座りは調和のとれた、うまく絡み合ったシステムとしてとらえられる。
> 座りの細部ではなく、全体のシステムとのつながりが重要である。

馬上のエクササイズ 実践編 171

両腕を互いに反対向きに回す腕のエクササイズにより整合能力が向上する

ことは、骨盤が後方に倒れることにつながる。

手綱の持ち方と骨盤の動きとの間には密接な関係がある。ライダーは手綱をかなり後方へ操作すると、骨盤で自らをブロックすることになる。つまり随伴が妨げられてしまうのである。一般に、ガクンガクンと揺れているライダーは骨盤や頭の位置、胸骨まわりもしくは脚扶助による推進に問題を抱える傾向にある。

仙腸関節がブロックされてしまうと、骨盤固有の動きである立体性が失われ、骨盤の柔軟な動きが損なわれる。その結果、運動中の馬の動きを邪魔してしまう。

また頭を固定したままだと、骨盤は柔軟に動くことができない。なぜなら、頭と骨盤は非常に緊密に関連しているからである。頭は骨盤のあらゆる運動を小規模に再現し、反対に頭の動きは（ライダーの頭が軽く頷くような動きができていれば）骨盤に同じように伝達され、骨盤の柔軟性にプラスに作用し、硬直している場合はマイナスに作用して、柔軟性のない骨盤となる。

また、屈筋を使わずに内転筋を使って（脚扶助による）推進をすると、推進中に硬直してしまう。この場合には、かならずつま先が過度に馬の方向へ傾

> 座りの細部に注目するのは二の次でよい。

いている。"馬を挟み込む筋肉（内転筋）"が骨盤をブロックしてしまい、その結果、ライダーはもはや馬の動きについていけなくなる。

　胸骨まわりが十分に柔軟でないとき、馬から生まれた背中の弾みは骨盤をとおって頭まで伝達しない。胸骨まわりでこの動きの伝達がこれ以上スムーズに進まないからである。

　運動は、かならずしも私たちが気づいた時点で発生するわけではない。動作の誤りに関してもこのことが当てはまり、その原因はみえないところにあるのに、インストラクターは表面的な部分を矯正しようとしてしまう。だからこそ矯正には時間がかかるのである。ライダーの身体の各部分を個別に観察しただけでは運動構造を理解することはできない。そうではなく、個々の部分の相互作用と相互依存性を理解することが重要である。

　したがって、最初にライダーを観察する際は座りの細かい部分をみるのではなく、まずは全体的な印象とつながりに注目し、つぎの段階として細部を観察していくことが重要である。

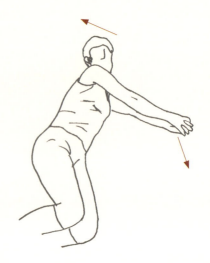

クロスコーディネーションは、馬上で上手くいくようになるまで、部分的に地上で習得しなければいけない

伸ばした腕を頭と反対方向に回旋させる

ライダーの身体各部の協調的関係の重要性

運動の協調とは、与えられた目標に対して個々の部分的な動作が組織化することである。その際、部分的な動作が1つの動作の実行へと協調（結合、整理）される。運動の協調は、多くの内的な力（ライダー）や外的な力（馬）によってネガティブに影響を受けて、より困難になる可能性がある。

> **運動を妨げるポイント**
> ✓ 精神的問題：ストレスなど（145ページの"1. 親睦期"参照）
> ✓ 身体の関節の可動性の欠如：頭の関節、仙腸関節（I-S-G）、肩、肘、手、腰、膝、足
> ✓ 胸骨、骨盤まわりの柔軟性の欠如、過剰な反射
> ✓ 身体の長軸まわりの柔軟性の欠如
> ✓ 馬の力や動きの妨げ、ライダーと馬の弾みの違い、馬とライダーのサイズの不調和
> ✓ 状況の変化、おもにライダーと馬への外部からの影響（騒音、やわらかい／硬い地面、雨、風、観客）

馬上の6ポイントプログラム 1

　　身体の6つのポイントは、ライダー養成を構成する要素の1つとみなされるべきであり、それらを「手当てする」順序は – 馬とライダーのトレーニングスケールとは対照的に – ライダーの課題状況に応じて変更できる。

　　6つのポイントはライダーの身体のコネクティングドット（点と点をつなげる）を表しており、インストラクターがこれらのポイントに働きかけることで、ライダーの座りと運動感覚をごく短期間でよい方向に変化させることができる。その際に強調すべきは、個々のポイントが互いに呼応する点である。ポイント1〜4は、21ページ以降で網羅的に取りあげている。

> **馬上の6ポイントプログラム**
> 1. 頭と首まわり（頭、喉、首）
> 2. 胸骨領域と胸郭
> 3. ゴルジ腱器官（筋肉、腱）
> 4. 仙腸関節と骨盤の可動域を広げる
> 5. 大きな関節を柔軟にする
> 6. クロスコーディネーション、脚扶助を使った正しい推進、身体の長軸まわりの柔軟性

ポイント5　大きな関節を柔軟にする

　　現代は、身体を動かすことが減少している時代であるが、これにより、さまざまな身体の問題が多く引き起こされている。関節はとくに影響を受けている。なぜなら、運動不足や不自然な片側だけの運動が関節本来の機能を損なっているからである。そのマイナスの結果が、あらゆるスポーツのなかで見受けられる。馬に乗っているとき、ライダーは関節の問題を感知できるが、インストラクターはライダーの特定部位が硬直しているのをみてはじめて問題を認識している。馬との調和を図るときの運動プロセ

腕を回しているライダー。肩関節を"ベアリングのボール"として使っている

スが、もはや最適に行われていないからである。頭と首の関節および仙腸関節の機能については本書ですでに説明している（23ページ以降）。加えてライダーの肩、肘、手首、腰および膝や足首の関節に生じる問題についても、対策を検討しておかなければならない。

肩関節

　肩関節はいわば球状型関節であるが、その構造に関しては見過ごされている。関節は、構造上はあらゆる方向に動かせるようになっているが、日常の動作では求められていることが減少しているため、肩関節の可動性を十分に使いこなせていない。

　身体を動かす機会が減るほど、また動きが偏る（いつも同じ側だけ動かす）ほど、身体はみるみる硬くなっていく。座ったままの姿勢が長い人は、作業環境（コンピューター作業）にほかの原因（頭の機能障害）も加わり、肩まわりを硬くさせる傾向がある。一般的に、肩を硬くする動作は、日常生活のストレス要因によってさらに悪化する。

　肩関節が萎縮してしまうと、腕をだらりと垂らすことができなくなり、ライダーの肩まわりが硬くなり、それが拳の構え方や手綱の持ち方に悪影響を及

> 自由に可動する肩関節
> が首まわりに好影響を
> 与え、やわらかな手綱
> の持ち方ができるよう
> になる。

ぼす。どちらの現象も、骨盤との関連性が高い。硬くなった手、腕、肩の動きは、腰をブロックするように作用するからである。手の誤りはしばしば骨盤の誤りであり、その逆でもある。手綱を引くと、骨盤は手の方向へ引き寄せられる。骨盤は、譲る手綱扶助および控える手綱扶助をともなって、常に繊細な拳の使い方をすることが、骨盤が独立して運動するための唯一の方法である。ここでも、誤りの原因がインストラクターのみえる場所にあることはほとんどない。

インストラクターが拳のみを矯正すると、ライダーはその動きだけ取り出し、そこに集中しすぎて、不必要な筋肉をも使ってしまい、全体的に身体が硬くなってしまう。

肘関節

肘関節は、上腕と前腕を接続する、いわゆる回転型関節と呼ばれる。3つの関節で構成されており、すべての関節部分で互いに独立してヒンジ（継ぎ目／支点）と回転の運動を行う。これらの諸条件により、手はつかむ、触る、表現するといった大きな空間内で動くことができる。手の動作空間は、足首よりもかなり大きい。

肘関節は以下の関節に分類される。

✓ 上腕骨と尺骨の間の蝶番関節
✓ 上腕骨と橈骨の間の球状関節
✓ 橈骨と尺骨の間の車軸関節

肘は手と一緒になって、手綱扶助を細やかに調整する重要な機能を担っている。

手首の関節

基本的に、人は筋肉と無関係に動くことはできない。常に筋肉の連係が協働的に使われ、同様のことは肩と骨盤間の伝達、さらにいえば、肩と手の間の転移でも行われる。肩の可動性が十分でないと、拳による扶助操作が硬くなる。手首の関節はその構造的特徴から、卵型関節と呼ばれる。

手首の機能はつぎのように分類される。

✓ 手を下げる／上げる

✓ 橈骨側：親指側は内側へ、尺骨側（小指側）は外側へ回旋させる

手（足も同様）の回旋運動では回内と回外運動ができる。この機能は手首で生じるのではなく、前腕（尺骨と橈骨）によって引き起こされる。

腕（肘）‐とくに手に関して‐が可能としている動作の多様性は、動きがいかに細分化され、協働されて行われるかというバリエーションを意味する。同時に、順を追って多数の動きが生じるが、これらは手首に関連した20種以上の筋肉によって引き起こされる。

腕と手に関して、可動域が増えれば増えるほど、すべての動きがより繊細に調整される必要がある。

昨今ライダーは、手首から譲る拳および控える拳を与えることが、ますます困難になってきている。今日では、腕の屈筋、伸展筋および「回転筋」が整合的に使われておらず、乗馬にも悪影響を与えている。また、伏せ拳や手首が内転しすぎているケースを多くみかける。馬の頭頸の上下運動（馬の頭頸がうなずくような動き）にリズミカルに手の動きを合わせること、または可能にすることは、つぎの場合に限って可能である。すなわち、橈骨まわりの尺骨の可動域が拡大したとき、および同時に前腕の筋肉の

手をさまざまな方向に回転させる

リズミカルな屈曲と伸展が取り戻されたときである。

加えて、手は"精神の道具"ともいわれ、人の精神的、情緒的状態が現れる[*63]。手の動きに、自己の身体と馬との付き合い方が現れるのである。拳の動かし方をみれば、その運動構造が繊細か、機械的かがわかる。

股関節

股関節は私たちの身体のなかで、多くの筋肉が隣接している最大の関節の１つである。運動量が減り、どこへ行っても地面が平らな現代では、股関節はもっぱら蝶番関節の機能に使用され、球状型関節としての使用機会は少なくなり、多くの筋肉はその働きを縮小し、ひいては股関節の柔軟性を低下させている。

常に平らでない地面を歩くとしたら、股関節本来のこの能力は衰えないだろう。そのため靴底が不安定な靴は、ライダーの股関節、膝関節、足首関節

脚を伸ばした回転エクササイズ。自由な股関節が脚を長くし、骨盤を柔軟にする

（距腿骨下関節）、仙腸関節を柔軟に保つことにも適している。

　股関節の柔軟性が欠けると、ライダーに２つの弊害が生じる。１つは骨盤の柔軟性の低下であり、もう１つは脚全体を腰から地面に向かってだらりと垂らすことができなくなることである。踵に弾みのあるライダーとは、頭、肩、腰、膝、足首の関節から踵に至る筋肉の連係が、運動伝達に即して最適に機能しているライダーである。

　踵の弾みは、ライダーの振動運動に対しバランスをとろうとして生じる、リアクティブ（反応的）な力のモーメントである。したがって、ライダーに対し脚を伸ばすなどのきっかけとなる指示を与えてはいけない。このような指示はすべて、本来ならリアクションとして生じる（つまり、自動的に発生する）動作を生み出すことになるため、ライダーの運動プロセスのなかでは意味をなさない。

膝関節

　膝関節は腰から足までをつなぐ重要な関節である。回転型関節の１つで、２種類の機能を持つ。屈曲／伸展および回転である。膝がある程度湾曲した状態であるときにはじめて、回転の動きが可能になる。一般に、鐙革を長くセットすると、下腿や膝関節の柔軟性を限定的にしてしまう。

　膝関節は屈曲と伸展の機能をとおして下腿と足の角度を決定するが、その可動域は手とは対照的に限定的である。これは身体を保護するためである。ライダーにとっては、膝が伸ばされるほど足首関節での動きが制限されたものとなる。膝関節の伸展には、足を硬くして保護する役割がある。その際、足首の動きが制限される点は受け入れるほかない。

　膝を起点とする内と外への回旋運動は可能である。それによりライダーは、下腿から足までのより広い可動域を得て、（脚扶助による）推進の際、微調整ができるようになる。

　多くの現代人は、日常生活で座って過ごすことが多くなり太ももの屈筋と伸筋、腓骨筋、脛骨筋が短くなっている。

その結果、この領域（膝の腱、膝蓋腱、アキレス腱 – 後述の"足首と足首関節"参照）の腱の緊張が大きくなり、軽速歩、正座速歩、駈歩の際の自然なプロセス（足から骨盤を通って上半身まで、およびその逆方向の運動伝達）の屈曲および伸展運動の機能の低下を招く。

いわゆるゴルジ腱器官（28 ページの"筋肉と腱の反射"参照）が刺激されると、膝関節は機能的に上半身から足への運動伝達関節となる。

足首と足首関節

足首は、ライダーの運動プロセスの妨げとなることがしばしばある。そういう場合は、踵が上下に弾んでいない。背景には、骨盤や膝関節の柔軟性の低下、伸ばしすぎた脚、短縮したふくらはぎの筋肉、弱まった脛骨筋組織、アキレス腱の過度の緊張および機能的に使用されていない距腿関節があると考えられる。

足首関節は、大変重要な役割を担っている。乗馬において、足首関節は弾まなくてはならず、身体を通る運動伝達が鐙で引き返されなければならない。こうすることで、振動がふたたび頭まで伝達される。弾みのある動きが達成されるのは、つぎの 2 つの重要な条件が満たされた場合だけである。

✓ 膝は伸ばしすぎないことである。膝を伸ばしすぎると距腿関節の柔軟性が低下してしまう

✓ 鐙は拇趾球のもっとも広い部分の下にくるように調整する。そのポジションで距腿関節は柔軟に動くことができ、踵は反動に合わせて弾むことができる

足趾関節の重要性についても付け加えておく。足趾関節は自由でなければならない。足から頭、さらに頭から足へ戻っていく運動の伝達は、あらゆる関節によって支えられているからである。

すべての関節を統合する

個々の関節の可動域を広げることと、関節を統合することは別のことである。結局、体内の運動は関節が連続的に流れるように連係されるべきというこ

> 膝関節がリラックスしていると、問題なく推進ができる。
> 足首関節に可動性があれば、反応的に弾むことができる。

とである。

運動の流れとは、足から頭へそしてまた逆に戻っていく運動プロセスのなかで、硬い部分や詰まった部分がみられたり感じられたりしないことを意味する。こうできるようになるには、いわゆる"モンキー乗り"を行う。

ライダーの骨盤から頭または足への運動の伝達は、もっとも重要な関節（足首、膝、腰、肩、手首、頭の関節）がライダーの身体の内部で運動の伝達と流れを妨げない場合にのみスムーズに進行する。関節を動かすことにより、身体の各部分がより簡単に相互につながり、同時かつ連続的に流れる運動連係が生じる。

踵の弾みは、とりわけアキレス腱を刺激することによって習得できるが、股関節の可動性または頭の関節を動かすことへの依存はかなり大きい。

身体のあるゾーンが緩く（可動性があり）、ほかのゾーンが硬い場合、ライダーによる反射運動が起こり、馬にかなりの悪影響を及ぼす。したがって、ライダーは結局「しっかりとほぐされている」必要がある。その結果、ライダーはあらゆる動きが楽に感じられ、動きが身体全体に連続的に流れるようになる。身体のすべての部分が相互に整合されることにより、完全なシステムとして、自立して安定した、だが同時に硬さのとれた理想的な姿勢をつくり出す。

> すべての関節は一体的なシステムととらえられなければならない。

ポイント６　クロスコーディネーション、脚扶助を使った正しい推進、身体の長軸まわりの柔軟性

馬上で、膝の屈筋を使うレッスンとして行われる脚扶助を使った正しい推進は、馬を混乱させる可能性があるため、実地で適用することはできない。木馬上でレッスンすることは、推進に使う筋組織の「適切なボタン」を見つけるのによい機会となるだろう。

ライダーのふくらはぎの下に手を置くだけで、ライダーに脚扶助のお手本を示すことができる。触って伝えることで、動きの感覚がつかみやすくなる。

瞬発的な脚扶助は馬上ではうまく伝えられない。そのため、正しい推進感覚を得るにはクロスコーディネートされた動きが必要となる。

脚扶助を使った正しい推進は、常に馬体を対角線上に横切る運動伝達を生じさせる。内方脚は、外方拳に向かって馬を推進させる。このようにして、脚扶助を使った推進が同時に整合的な動きと結びつく。これらクロスコーディネートされた動きは、キネシオロジーエクササイズと同様、捻転姿勢を促すものである。

これまでに解説した6ポイントは入れ替え可能であるため、ライダーのトレーニングスケールの種々のポイントにも影響する。座り姿勢の構造解析により、ポイントは一定数まで絞り込まれたのである。つまり、中心となる6つの領域が座りの骨子をなしている。

身体の各部位がすべて互いに複雑に絡み合っているにもかかわらず、機能理論[61]の観点からは、いくつかの機械的な機能が優位になっている。これらのフェーズが運動を引き起こし、ほかのフェーズは反応的な運動として生じる、つまり能動的には生じ得ない運動として生み出されるのである。

動きの多様性が日常的に欠如しているゆえに、昨今では幼児期から成年期までにクロスコーディネーションは失われてしまっている。ほとんどの子どもたちはハイハイを経ずにいきなり歩きはじめる。原則的にハイハイの動きは反射（両生類反射）として、人とその自然な発達に深く結びついている。

しかし、子どもたちが動き回れるスペースが縮小し、家のなかでも座ったまま動かないことが多いため、遺伝的な運動パターンの発達の余地がなくなり、学習課程全般（書き取り、算数）、とくに運動のプロセスに悪影響を及ぼしている。

乗馬の場合、ライダーは運動プロセスにおいて、これらの原始の運動パターンを常に必要としているため、現代人は失われてしまった運動パターンを再度つくり直さなければならなくなり、それには多くの労力が必要になることが多い。

これらの運動プロセスを身体が思い出すのが早け

身体の長軸まわりの柔軟性が高められれば、効果的な脚扶助を使った正しい推進、および繊細な手綱扶助が実現する。

れば早いほど、乗馬レッスンが容易になる。乗馬では、捻転姿勢の機能がこれらの運動プロセスに該当する。捻転姿勢では、ライダーは意識することなく、肩を骨盤の回転に対して反対方向にわずかに回転させる必要がある。

捻転姿勢は、特別なエクササイズをとおしてふたたび潜在意識に覚えさせなければならない。すると、ライダーと馬の肩と肩、骨盤と骨盤が平行になり、ライダーは自然な座りができるようになる。こうしてライダーは、馬の動きに合わせて座ることができる。すでに34ページの"特別なウォーミングアップエクササイズ"で述べたように、これらのエクササイズはライダーの捻転姿勢の準備に直接つながる。これらのレッスンは、とくに捻転姿勢をマスターしていないライダー向けである。つまり、そのようなライダーは決して馬のリズムに合わせることができず、馬と深く通じることもできていない。こうなると、馬は最適に"背を使って動く"ことができない。

こういったライダーは独立した姿勢で座っていないため、馬のリズムに合わせて適切に随伴できない。ライダーがこの回旋運動（肩に対して骨盤を捻る動作）について、もはや考える必要がなくなるように、筋肉的にも脳の面からも、このエクササイズを行う必要がある。これらのプロセスを内面化し、状況に応じて実行できる必要がある。

脚扶助を使った正しい推進

馬上の6ポイントプログラムの6番目のポイントである脚扶助を使った正しい推進は、前述したように地上と同じ動きを馬上に転換することはできない。したがって、特定のエクササイズを提案することができないので、ライダーは斜対扶助（内方脚－外方手綱）における自身のクロスコーディネーションに注意を向ける必要がある。

インストラクターがふくらはぎの下に手を置くことによって、ライダーは拍車を履いていない状態で、馬に素早い刺激の方向と方法だけを触覚的に伝えることができる。

インストラクターは、ライダーに太ももの裏側に

クロスコーディネートされた動きは脳を介して全身を刺激する

手を入れ膝の屈筋を感じさせる。このようにして、ライダーは推進のための筋肉（膝の屈筋）の機能を感じとることができる。その際、ライダーは脚の正しい使い方を確認するため、つま先をわずかに外側に向ける（左足のつま先は時計の文字盤の 11 時、右足のつま先は 1 時の方向に向ける）。

その際ライダーは脚を素早く使い、その後ふたたび力を抜かなければならない。その際に脚を馬体に押しつけるような感触（圧迫感）や、膝を鞍に押しつけた状態で脚を回旋させること、そして馬を挟み込む筋肉が使われるのを感じたり、みられたりすべきでない。瞬間的な推進の後に脚をリラックスさせることは、力強くエネルギッシュな馬の動きの条件である。

最初は、脳に学習や再学習するための強いインパクトが必要だが、これはつまり脚扶助を使った推進の際、大袈裟に脚を「振り上げる動作」、つまり下腿を伸ばして馬体から一旦離さなければならない。

馬上のエクササイズ 実践編　185

鐙は足裏のもっとも広い部分で履かなければならない。そうすることでライダーは馬の動きに随伴することができる

これにより推進に必要な筋肉がその機能を認識するための長い距離をとることができる。下腿を一旦馬体から離し、その後に膝の屈筋を馬体方向に使うことで、小さく素早い刺激が生まれる。

> 脚扶助を使った正しい推進は、太ももの裏側の筋肉から生み出される。
> 足の先端はわずかに外側を向く必要がある。
> 脚は素早く馬体につけ、ふたたび"開放される"。

馬上の6ポイントプログラム 2

ポイント1　頭と首まわり（頭、喉、首）

頭をあらゆる方向へ動かす

頭をさまざまな方向に数回動かす。できれば、どの方向の動きも繰り返さない。考えられる頭のあらゆる動き（前・後・横方向、首を縮める、上方へのストレッチ）を試しつくす。想像力は無限に膨らませることができる。

眼を頭と反対方向に回す

頭を左右に動かす。その際、眼は反対方向を見る。両方向に10回繰り返す。

小刻みに動かす
48ページ参照。

頭の関節のマッサージ
48ページ参照。

1、2
さまざまな頭の動きによりリラックスする
3 馬上で頭蓋骨をマッサージする
4 あらゆる方向へ頭を導くことにより頭の関節が広がる

膝を起点に上下する動き"モンキー乗り"は、停止中の馬上でも行うことができる

頭蓋骨のマッサージ
49ページ参照。

顎関節、顔の筋肉および舌を使った動き
57ページ参照。

膝を起点に上下する動き"モンキー乗り"

　この姿勢は馬上でも繰り返し行うことができる。実際には前傾姿勢や負荷をかけない前傾姿勢に相当するが、正しい姿勢をとることができないライダーも少なくない。とくに身体の硬いライダーは"モンキー乗り"することで関節の自由度が高くなり身体が緩む。ライダー自身がこの姿勢に対する感度を高めるか、あるいはインストラクターが、言葉を介して矯正する必要があるかどうかの基準が必要である。

　この姿勢は、鐙をかなり短くして常歩、速歩および駈歩で行う。3つの歩法の際、尻を鞍から離し、その体勢で可動性を保つ。軽速歩のときの鞍にしっかりと腰を下ろす姿勢にはならない。これら3つのエクササイズにより、大きな関節（足首、膝、股関節、肩）が広がるようになる。身体が非常に硬いラ

イダーであれば、身体が非常に緩み、身体に芯がないライダーであれば、身体が非常によい具合に緊張を維持しながら座れるようになる。

頭部の新しい動作パターンを習得する

左右の尻を鞍の上に乗せて座る。右手で自身の頭をつかみ、頭が勝手に動かないようにして、すべての動きを右手に委ねる。このようにして、頭をそっと左右へ、無理なく動く範囲にとどめて動かす。動かしづらさを感じても抵抗はしない。

つぎに、左右を変更する。左手で頭をつかみ、そっと左右に動かす。頭は手の動きに完全に委ねる（これらの動きはおもに首の筋肉を動かすことを目的としている。ポイント5「大きな関節を柔軟にする」（197ページ）では、このレッスンにバリエーションが加えられ、骨盤の動きも含まれる）。

足（つま先）を使って腰と首を解放する

足を鐙から外し、脚を馬体に沿ってぶらりと下げる。つま先を時計回りに、またはその逆回りに、さまざまな大きさの円を描くように動かす。

つぎに足を鐙に戻し、大きさと力の入れ具合を変えて円を描く。これに続いて、外側の縁と内側の縁に向かって足を捻る。すべての動作能力が一斉に変化する。

1、2
鐙を使わずに、つま先を引き寄せ伸ばす

馬上のエクササイズ 実践編　189

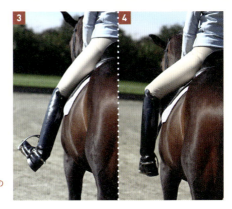

3、4
足の動きを変えると足首の関節が広がる

柔軟な頭部の動き
87ページ参照。

首まわりの筋肉を伸ばす
74ページ参照。

ポイント2　胸骨領域と胸郭

視線を手に向けたままにして行う、身体の長軸まわりの柔軟性
50ページ参照。

意識的に頭部を動かす
50ページ参照。

肩を腰の向きと反対方向に回旋させる
　左手は右肩を、右手は左肩を抱きかかえるようにする。肩は勝手に動かないようにして、持ち上げられた腰とは反対方向に手を使って動かされるようにする。このエクササイズで新たな動作パターンを身体に生じさせる。

身体を巻き込むまたは広げる動き
　片方の腕を肘が肩の高さになるまで上げ、肘を曲げて手首を下に垂らす。手首は目の前約50cmにく

るようにする。腕を引き寄せて手首が頭の近くにくるようにし、その動きと反対方向に頭を回旋させる（身体を巻き込む動き）。つぎに肘を使って腕を身体の外側へ回旋させ、同時に頭は自然に反対方向に動かす（身体をひらく動き）。

肩と股関節の統合

肩関節と股関節を互いに近づけるように動かし（短縮）、また、遠ざけるように動かす（伸展）。

肩を動かすエクササイズには、胸骨まわりと上半身を動かすものが多い。これらはポイント5「大きな関節を柔軟にする」、ポイント6「クロスコー

5 身体を巻き込む動きおよび広げる動き
6 手を使って肩を腰と反対方向に動かす
7 肩と股関節の整合によって、脊椎（横方向）の可動域が高まる

馬上のエクササイズ 実践編　191

ディネーション、脚扶助を使った正しい推進、身体の長軸まわりの柔軟性」（197 および 202 ページ）で解説する。

ポイント3　ゴルジ腱器官（筋肉、腱）

僧帽筋および胸筋

親指と人差し指または中指で僧帽筋を挟んだ"つまむ / 揉む"タッチは、緊張をほぐすことができる。同様の触れ方で胸筋を刺激し、過度な緊張を取り除くことができる。

注意　"つまむ / 揉む"タッチは、最初はとてもくすぐったいような、なんとも不快な感じがするだろう。日々そして左右両側で行えば不快感はすぐに改善される。

股関節前部および内側の屈筋

股関節屈筋の緊張を緩和することで、骨盤が前傾したり、ブロックするのを防ぎ、骨盤がより良く随伴できるようになる。

馬に乗ったまま足を少し持ち上げると、前部股関節屈筋が動くのを感じることができる。こうすると太ももの延長線上にある股関節屈筋が緊張する。筋束の上を、指先を使って左右にマッサージの要領でさする。くすぐったいようななんとも不快な感じが

筋と腱の組織を刺激する
1 胸筋
2 僧帽筋

するときは、そっとはじめて徐々に力を加えていくとよい。毎日行うことで、すぐに股関節屈筋はやわらかくなる。

太もも内側の股関節屈筋（馬体を挟み込む筋肉、内転筋）は、つまむマッサージ（親指と人差し指もしくは親指と中指で筋と腱の組織を押し、その上部をつまむ）で緊張を緩和させることができる。馬上に脚を広げて座り、膝から恥骨まで、筋と腱の組織全体を手でつまみ触知する。最初のくすぐったいような不快な感覚は、毎日のマッサージですぐに緩和される（最初のうちは青あざが生じることもある）。

膝の腱

基本姿勢で座る。太ももの裏側、膝への移行部を指でつまむ。そこに膝の裏側の右側と左側に腱を感じながら数回"つまむ"。

膝蓋腱

ライダーが膝蓋腱を刺激するには、膝蓋骨（膝のお皿）のすぐ下、脛骨へと結ばれる線上を指先で軽く押し、この領域を左右にさする。すべての筋肉と筋膜の構造は、このようにしてより効果的に機能させることができる。

"つまむ"ないし"揉む"、あるいはマッサージのような触れ方は、誰でも行うことができる簡単な方

3 股関節内転筋
（馬体を挟み込む筋肉）
4 前部股関節屈筋
（腸腰筋）

法である。具体的な方法は専門家（とくに理学療法士）に任せるのが望ましい。

> **独自の機能を増強させる**
> 外腹斜筋、上腕二頭筋、上腕三頭筋および前腕の筋肉をターゲットとする以下のエクササイズでは、筋肉および筋膜領域においてさまざまな受容器（ゴルジ腱器官、パチニ小体、ルフィニ小体）が刺激され、身体各部のリラックスと柔軟性改善につながる。

外腹斜筋

外腹斜筋は肋骨の外側を起点に腰まで至り、骨盤が左右にバランスをとる動き（片側に負重する座りや腰の屈折）に対してライダーの胴部を安定させる役割がある。外腹斜筋の筋束は多くの場合異なる張力を持つが、受容器を刺激することでそのバランスをとることができる。ライダーは親指と人差し指を使って筋組織に触れ、指の腹でなでるように動かす（筋肉を少し"つねる"ともいえる）。

上腕二頭筋および上腕三頭筋

拳が上がってしまったり拳を押しつけてしまったりする場合は、上腕二頭筋（屈筋）と上腕三頭筋（伸筋）の緊張のバランスを調整する方法でこれら

膝蓋腱と膝裏の内側と外側の腱を刺激する

の筋肉を刺激すれば矯正できる。

親指と人差し指または中指で上腕二頭筋と上腕三頭筋両方の筋肉を"つまむ／揉む"ことで、通常優位（主動筋）的な屈筋機能が弱まり、両部位の緊張関係のバランスが改善する。

前腕の筋組織

指から肘までの筋肉は、親指を広げたり、人差し指を鋭く持ち上げたりするときに感じとることができる。この瞬間、対応する筋と腱の組織が収縮する。もう片方の手の指先を使って、この指から肘までの筋と腱の組織を、前後にわずかに小さく動かすこと

筋と腱の組織を刺激する
1 外腹斜筋
2、3
　前腕の筋肉および上腕三頭筋
4 上腕二頭筋を刺激する

馬上のエクササイズ 実践編　195

で、刺激を与えることができる。すべての腱組織を刺激した後は、前腕の緊張がほぐれかなり軽く感じられる。

ポイント4
仙腸関節と骨盤の可動域を広げる

尻の片方で動的に座る

座るという動作は動きのない静止した状態を意味するのではなく、まったく反対の動的な動作である。骨盤の半分を鞍に乗せて外側へ身体を滑らせ、浮いているほうの半身を静かに上下させ、凝り固まった座りの型を崩す。全身の構造が変化するのを心地良い新しいものと感じられるだろう。

時計の文字盤

馬上に座りながら、鞍の下に時計の文字盤をイメージする。骨盤を右方向に下げたときを「3時に座る」、左に下げたときを「9時に座る」とする。この2つの動きは片方だけ行っても、流れるようにつなげて行ってもよい。動きの速さには変化をつける。動作の流れはスムーズに、力まずに行わなければならない。

つぎに骨盤を前方に12時の位置まで傾け、つぎに後方6時の位置まで傾ける。両方のエクササイズをつなげていく（動きを行うときはテンポを変える）。ついで円を描くように全方向に動かす。ライダー自らでエクササイズの組み合わせを設定する。たとえば、7時から1時、または2時から8時の動きといったように動かす。

仙腸関節と骨盤の柔軟性を高めるために、組み合わせは自由に決めてよい。

停止、常歩、速歩での対比エクササイズ

対比エクササイズとは、極端にゆっくりまたは速く、大きくまたは小さく、力を入れてまたはそっと行うエクササイズをさす。多様な運動プロセスを把握し、感じとるようライダーとしての感覚を磨く必要がある。馬のさまざまな反応から、ライダーの動

右から左への多様な腰の動き（文字盤上を3時から9時まで）

作がどのように受け入れられ、馬がその際にどのように感知しているかを読みとることができる。

ライダーの座りを矯正するには、後述するエクササイズを行う。極端に右側に寄って座った後に反対方向の左側、かなり前方または後方に座るというエクササイズである。はっきりとしたコントラスト動作により、脳にバリエーションを示すことができる。脳には、人それぞれに合った最適解を見つける力がある。さまざまなバリエーションの座り方をした後にふたたび鞍の上にいつものように座ると、今の自分にとってのちょうど良い感覚がわかるようになる。

ライダーを正しい座りの型にはめこもうとすること（これはよく行われることであるが）が原因で行き詰まってしまうことがしばしばある。馬の上で固まったまま身動き1つせず、いわゆる正しい座りをマスターしたと思い込んでいるライダーすらいる。感性豊かに乗るということは、馬の動きと調和し、馬が自然な動きを発揮できるような扶助を与えることを意味する。

停止しているときの対比エクササイズにより、自分が自然に座っているかわかるようになる

馬上のエクササイズ 実践編　197

ポイント5　大きな関節を柔軟にする

肩をあらゆる方向に動かす

　片側の肩を上げ、それから下げる。この上げ下げのエクササイズを連続して行う。つぎにその肩を前方に動かし、続いて後方に動かし、2つのエクササイズをつなげて、両方向の動きを相互に行う（左右両側で行う）。さらに円を描くように動かす。

腕を伸ばして円を描くように肩を動かす

　腕を片方ずつ、ゆっくりと意識的に回転させる。その際、空間を勢いよく振り回すのではなく、むし

1、2
　肩をあらゆる方向に動かして柔軟にする
3 腕を伸ばして両腕でゆっくりと円を描くように動かす

ろ腕を運ぶように回転させる。つぎにこの円を描く動きを両腕で同時に行うか、または両腕で同時に反対方向に行ってもよい（左右両側で行う）。

股関節をあらゆる方向へ動かす

鞍の上に座って股関節の片側を前方へ動かし、そして後方へ動かす。つぎにこの2つの動きを連続して行う。続いて同側の部位の動きを上下方向に行い、さらに2つの動きをつなげて行う。最後に円を描くエクササイズを時計回りと反時計回りで行う（左右両側の股関節で行う）。

肩と股関節の統合エクササイズ

肩関節と股関節を同時に互いに近づけるように動かし（短縮）、その後遠ざけるように動かす（伸展）。

頭と肩を使ったエクササイズ

頭を横へ傾け、肩は頭の方向へ近づけ（短縮）、左右両側で行う。このエクササイズは、頭と肩を反対方向に動かして行うことができる（頭と肩を互いに遠ざける – 伸展）。

頭と腰を使ったエクササイズ

頭を横に傾け、腰は頭の方向に近づける（短縮）。これを左右両側で行う。

頭、肩および腰のエクササイズで緊張をほぐす。身体各部の統合：
1 肩と頭
2 股関節をあらゆる方向へ動かす

馬上のエクササイズ 実践編　199

このエクササイズは、頭と腰を反対方向に動かして行うこともできる（伸展：頭と腰を互いに遠ざけ－ふたたび近づける）。

手首を使うエクササイズ
（屈曲、伸展、回旋、円運動）

手首を両方向に曲げ、その際もう片方の手はその動きを促す（両方向の受動的な伸展）。その後、手首を両方向へ回旋させ、円運動を行う。

重要なポイント　外部からの（自らであれパートナーからであれ）影響を受けて行われる受動的な屈

3 腰と肩の関節を互いに近づける
4 手首の曲げ伸ばし

5 手首を内側および外側に回す

曲力（可動性）は、常に能動的な屈曲力よりも大きい。やはり運動状況においても、この屈曲力は外部から曲げられることによってのみ、能動的にも向上する。

股関節を起点に伸ばした脚を回転させる

足を鐙から外し、時計回りに回転させたり、その逆に回転させたりする。その際、円の大きさを変えて行う。そうすることで股関節に付着する多くの筋肉が動かされる。
バリエーション：つま先を伸ばしたり曲げたりして行ってもよい。

自転車漕ぎ（前・後方）

足を鐙から外し、片脚または両脚で自転車を前・後方へ漕ぐようなエクササイズを行う。

足首を回す、外側および内側の縁、つま先を引き上げる、伸ばす

馬上ではアキレス腱を"つまむ"動作ができないため、つぎのようなエクササイズが必須となる。このエクササイズは鐙を外して行うが、部分的に鐙を履いた状態でも可能である。

馬上のエクササイズ 実践編　201

✓つま先を使って円を描く
✓足を外側および内側の縁方向に傾ける
✓つま先を曲げ伸ばしする

モンキー乗り（すべての関節の統合）
詳細は 164 ページ参照。

1 馬上で前・後方に自転車を漕ぐ動き

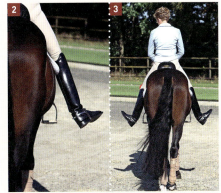

2 内側および外側の縁方向へ足を動かす
3 足首を回す

ポイント6　クロスコーディネーション、脚扶助を使った正しい推進、身体の長軸まわりの柔軟性

肩と反対方向を見る
頭を右方向に回旋させる。その際、視線は反対の左方向を見る（逆も同様）。

頭を肩と反対方向に回旋させる
頭を左右に回旋させながら、肩を頭と反対方向に動かす。

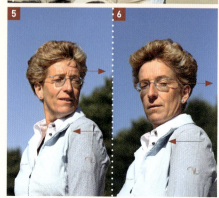

4 肩を腰と反対方向に回旋させる
5 頭を肩と反対方向に回旋させる
6 肩と反対方向を見る

肩を腰と反対方向に回旋させる

肩関節を使って能動的な動きを行い、腰と反対方向に回旋させる。このエクササイズでは、ライダーは両手を交差させてそれぞれ反対側の肩関節に乗せ、肩を骨盤とは反対方向に引き、肩が受動的に動かされるようにしてもよい。

腕を伸ばして頭と反対方向に回旋させる

両手を組み合わせ、腕を上半身に対して直角になるように前方へ伸ばす。頭を左右に回旋させながら、伸ばした腕をその反対方向に、身体の長軸まわりを柔軟にするように運ぶ。

7 伸ばした腕を頭と反対方向に回旋させる
8 伸ばした腕を腰と反対方向に回旋させる

腕を伸ばして腰と反対方向に回旋させる

両手を組み合わせ、腕を上半身に対して直角になるように前へ伸ばす。伸ばした腕を左右に、身体の長軸まわりを回旋させながら、腰はこれと反対方向に回旋させるように左右の腰を前方へ出す。

"モンキー乗り"で捻る

鐙をかなり短くして、座り位置で捻るような動きをする。すなわち、骨盤を肩軸の回転と反対方向に、手をともなって回旋させる。

9 停止中の馬上で"モンキー乗り"で身体を捻る

10 クロスコーディネーションエクササイズ

馬上のエクササイズ　実践編　205

左手で右足のつま先に触れる。
左右を入れ替えて行う
216 ページ参照。

膝を反対側の肘の方向に動かす

　足を鐙から外し、脚をだらりと垂らす。つぎに右の膝を持ち上げて、身体の長軸を横切って対角線上に左側の肘方向に運び、膝と肘とが互いに触れるまで近づける。その際、膝が肘に向かっていくようにする（左右両側で行う）。

推進扶助

　一連のエクササイズの結果、輪線上での進行と同じく斜対扶助も容易になる。ライダーは、内方の脚を使って馬をリズミカルに、外方の手綱に向かって推進させる。推進している脚には、馬体を挟み込むような扶助を与えてはならない。

　インストラクターがライダーのふくらはぎの下に手を入れ、推進方向、力の入れ方、力強さ、リズムを点検する（183 ～ 185 ページ参照）。

地上と馬上の
ショートプログラム

地上のショートプログラム 1

1. 頭と首まわり（頭、喉、首）

頭の関節をマッサージする

両手の薬指、中指、人差し指を使ったマッサージで、上部の頭の関節（環椎後頭関節）と下部の頭の関節（環軸関節）まわりの緊張をほぐすことができる。

2. 胸骨領域と胸郭

意識的に頭部を動かす

右腕を左方向へ運べるところまで運び、視線は手に向けたままにしてこの姿勢をとり続ける。つぎに頭だけをさらに左に回旋させてから、視線は手に向

けたままにして、腕と頭をふたたび開始姿勢に戻していく。10回繰り返し、左右両側で行う。

3. ゴルジ腱器官（筋肉、腱）

肩および胸の筋肉の緊張をほぐす

　肩や胸の筋肉を"つまむ／揉む"ことで、過度な緊張をほぐすことができ、目にみえて調子がよいと感じるだろう。

4. 仙腸関節の可動域を広げる

仙骨、腸骨を動かす

　仰向けに寝て片脚を伸ばし、もう片方は股関節と膝関節で直角に曲げる。曲げたほうの膝を伸ばした脚の方向へ倒す。このとき、手は脚を倒す動作を補助してもよい。頭は伸ばした脚の反対方向を向く。

5. 骨盤の可動域を広げる

Balimoチェアを使ったバリエーション

　Balimoチェアに腰かけ、ライダーはチェアの下に時計の文字盤をイメージする。骨盤を前方12時の方向へ傾け、つぎに後方6時の方向へ傾ける。両方の動きを連続して行う（エクササイズの際はテンポに変化をつける）。

6. 脚扶助を使った正しい推進

抵抗に対応して意識的な推進をする

　うつ伏せになり、脚は長く伸ばして両脚の間を軽く広げ、背中が反らないよう小さなパッドを腰の下に置く。パートナーなどにより加えられる抵抗に逆らって、左右の踵を交互に尻の方向へ持ってくる。

地上のショートプログラム 2

1. 頭と首まわり（頭、喉、首）

頭を車輪のように回旋させる

　四つん這いになり、身体を両手で支えながら額を床につける。つぎに頭を、額から鼻に向かってゆっくり巻くように動かし、後頸部と背中上部が丸まるようにする。その後、額から後頸部に向かって元に戻していく。

2. 胸骨領域と胸郭

身体を抱きしめ、左右方向へ動かす

　肘を床と平行になるところまで持ち上げ、そこからやわらかく弧を描くように右上へ持っていき、つぎに左上へ持っていく。眼は肘を追いかける。

3. ゴルジ腱器官（筋肉、腱）

太ももの前部と内側の股関節屈筋を伸ばす

　椅子に腰かけているときに脚を床から持ち上げると、太もも前部の股関節屈筋が動くのを感じる。指先を使って筋肉の上から、左右に揉むようにする。また、膝から恥骨までの筋肉と腱組織を親指と人差し指または中指で"つまむ／揉む"ことで、太もも内側の股関節屈筋（馬体を挟み込む筋肉。内転筋）の緊張をほぐすことができる。

4. 仙腸関節の可動域を広げる

四つん這いの姿勢からあぐらをかく

　四つん這いの姿勢になり、頭は下に垂らし背中を丸める。片方の膝をもう一方の膝の前で交差させ、流れるような動きであぐらをかく姿勢になる。

5. 骨盤の可動域を広げる

時計の文字盤をイメージ

　Balimoチェアに腰かけて下に時計の文字盤をイメージする。骨盤を後方に傾けることを「12時に座る」、前方に傾けることを「6時に座る」とする。これら2つの動きは、片側だけで行っても、流れるように連続して行ってもよい。速度に変化をつけて行う。

6. 脚扶助を使った正しい推進

踵を左右交互に

　左右の踵を交互に尻の方向へ持ってくる。その際パートナーに蹴り上げようとしている下腿を手で軽く抑えて動きに抵抗感があるようにしてもらう。抵抗の程度は強めてもよいし、弱めてもよい。

馬上のショートプログラム 1

1. 頭と首まわり（頭、喉、首）

両手を使って頭を動かす

　両手を頭の後ろで組む。つぎに頭をゆっくりとやさしく前の下方向へ、および首の後ろへできるところまで動かす（5回繰り返す）。

2. 胸骨領域と胸郭

身体を抱きしめる

　手を使って肩を、ゆっくりと流れるように左右に動かす。動きに変化をつけて、肩とは反対方向に頭を回旋させてもよい。

身体の長軸まわりの柔軟性

　片腕を肩の高さで保ち、手は目の前、眼から50cm 離しておく。つぎに眼は手を見たまま、上半身を左右にできるところまで回旋させる（左右両側で行う）。

3. ゴルジ腱器官（筋肉、腱）

胸筋および太もも前部の股関節屈筋をつまむ

　僧帽筋と太もも前部の股関節屈筋は、"つまむ/揉む"ことで緊張をほぐすことができる。

地上と馬上のショートプログラム 215

4. 仙腸関節と骨盤の可動域を広げる

尻の片側で動的に座る

骨盤の半分を使って身体の半身をゆっくりと上げ下げすることで、凝り固まった座り方のパターンを打開できる。

対比エクササイズ

上半身を馬の首の方向へ極端に前方に曲げ、つぎに後方へ傾ける。

5. 大きな関節を柔軟にする

自転車漕ぎ

足を鐙から外し、片脚または両脚で前方および後方に自転車を漕ぐ運動を行う。

手首を内側および外側へ曲げる

手首を曲げて、両方向に前後に曲げる（意識的またはもう片方の手などで動かされるようにして、両方向へゆっくりとした動的ストレッチを行う）。

6. クロスコーディネーション

身体を捻ってつま先に触れる

鐙を極めて短くし、身体を捻るような動きをする。鞍に座って前傾し右手は左足のつま先に触れ、つぎに左手が右足のつま先に触れるようにする。

地上と馬上のショートプログラム 217

馬上のショートプログラム　2

1. 頭と首まわり（頭、喉、首）

眼を頭と反対方向に回旋させる

　頭は右方向へ回旋させながら、眼は左側を見るように動かす。左右交互に行う。

2. 胸骨領域と胸郭

肩が頭と反対方向に動かされる

　左手は右肩をつかみ、右手は左肩をつかむ。肩は勝手に動かないようにし、手を使って頭と反対方向へ動かす。

3. ゴルジ腱器官（筋肉、腱）

膝の腱を動かす

　鞍に座る。指を使って、太ももの下側にある膝領域への移行部をつかむ。膝の裏側の左右側に腱の線維を感じながら数回 "つまむ"。

膝蓋腱を動かす

　ライダーが膝蓋腱を刺激するには、膝蓋骨（膝のお皿）のすぐ下、脛骨へと結ばれる線上を指先で軽く押し、この領域を左右にさすればよい。

4. 仙腸関節と骨盤の可動域を広げる

直立、常歩、速歩の対比エクササイズ

　ライダーの座りを矯正するには、たとえば極端に右側に寄って座り、その後反対方向の左側、かなり前方または後方に座るというエクササイズを行う。

地上と馬上のショートプログラム 219

5. 大きな関節を動かす

肩をあらゆる方向に動かす

片側の肩を上げ、続いて下げる。この上げ下げの動きを連続して行う。つぎにその肩を前方に動かし、続いて後方に動かし、2つのエクササイズを連続して、両方向の動きを相互に行う（左右両側で行う）。

6. クロスコーディネーション、脚扶助を使った正しい推進、身体の長軸まわりの柔軟性

伸ばした腕を腰と反対方向に回旋させる

両手を組み合わせ、腕を上半身に対して直角になるように前方へ伸ばす。伸ばした腕を左右へ、身体の長軸まわりを回旋させながら、腰の両脇（股関節）を前方へ導く。

馬上のショートプログラム 3

1. 頭と首まわり（頭、喉、首）

顎関節、顔の筋肉および舌を動かす

　下顎をできるところまで、ゆっくりと右方向ないし左方向へ動かす。その際、同時に反対方向に顔の筋肉をゆがめる。上顎を前方にずらしたり、後方に引いたり、舌をさまざまな方向へ伸ばすバリエーションもある。

2. 胸骨領域と胸郭

視線を手に向けたままにして行う、身体の長軸まわりの柔軟性

　右腕を肩の高さまで持ち上げて前方に伸ばして、肘で軽く曲げ（およそ90°）、手首を曲げて手首から先をだらりと落とす。手は眼の前の約50cmのところにある。腕を－視線は手に向けたままにして－できるだけ脱力して、左右へとできるところまで導く。

3. ゴルジ腱器官（筋肉、腱）

外腹斜筋

　肋骨の外側から出て腰までのところにある筋組織を親指と人差し指でつかみ、指の腹でなでるように動かす。

4. 仙腸関節と骨盤の可動域を広げる

時計の文字盤

　鞍に座り下に時計の文字盤があるとイメージする。骨盤を右方向に下げたときを「3時に座る」とし、左方向に下げたときを「9時に座る」とする。

地上と馬上のショートプログラム　223

5. 大きな関節を柔軟にする

伸ばした脚を股関節から回転させる

　足を鐙から外し、時計回りにまたはその逆に回転させる。その際、描く円の大きさを変えて行う。そうすることで股関節周囲の多くの筋肉を使う。

6. クロスコーディネーション、 身体の長軸まわりの柔軟性

膝を反対側の肘に近づける

　足を鐙から外し、脚をだらりと垂らす。つぎに右の膝を持ち上げて、身体の長軸を交差して左側の肘に向かって運び、膝と肘とが互いに触れるまで近づける。その際、膝のほうが肘に向かっていくようにする（左右両側で行う）。

脳のためのプログラム

1. レイジーエイト

心地良いと感じる姿勢で、空間に横に寝かせた8の字を描く。高さと幅は自由に決めてよい。視野の届くかぎりの範囲、また腕が動くかぎりに8の字を大きく描くと、もっとも効果的である。

2. 両手描画(ダブルドゥードゥル)

まずは自由に動作を選んではじめる。その後、決まった動作を設定してもよいが、その際も、このエクササイズの実験的でクリエイティブな側面を忘れてはならない。なにをおいても重要なのは、それがきちんと同時に描かれることである。つまり、別々の視野のなかで、左右の手が同じものを描画する。

地上と馬上のショートプログラム 225

3．エレファント

　右腕を身体の前に突き出す。右耳を右上腕の上につけ、視線は伸ばした右手の人差し指のほうを見る。つぎにその腕で横に寝かせた8の字を描く。それによって全身の動きがスムーズになる。8の字は肘を使って右上へ動かすことからはじめる。さらに左腕を使って行う。

4．ブレインボタン

　ブレインボタンと呼ばれる部分は、鎖骨の下、左右にあるやわらかい組織である。この2つのボタンを片方の手で（親指と人差し指を使い）約20～30秒集中的にマッサージを行う。その間もう片方の手で臍をなでる。手を入れ替えて行うと、左右の脳を活性化させることができる。

5. スペースボタン

　両手は身体の正中線上にあり、一方は前方に、もう片方は後方にある。前方にある手の人差し指と中指は上唇の上に置き、後方にある手は尾骨に触れる。左右の脳を活性化させるため、両手を入れ替えて行う。ボタンを軽くマッサージしてもよい。

6. シンキングキャップ

　親指と人差し指を使って耳を引っ張り、同時にそっと外側に広げるように伸ばし、外側へ折りたたむ。耳の先端からはじめて耳たぶまで、やさしく行う。このエクササイズは、少なくとも3回は繰り返す。

ライダーの緊張をほぐすプログラム

1. 笑う

笑顔のライダーは、常に馬と調和した動きのなかにいる。いつも真剣すぎるライダーは、心身ともにリラックスすることはできない。

2. 胸腺タッピング

手の指関節で胸骨を数回ノックする要領で叩く。そうすると反射的に胸腺が活性化される。胸腺をコツコツと叩くことで、感性豊かな乗馬のための土台を整えることができる。

3. 舌を上顎に押し当てる

上顎の切歯（前歯）から奥へ約 0.5cm 後ろの口蓋に、舌先を押し当てる。このようにすると、身体のエネルギーは消耗せずに保たれる。それゆえ、人生の重要な状況や乗馬の際、常に舌の位置に注意を払う必要がある。

4. 呼吸を整える

もっとも効果的な呼吸は、胸郭の下部と側部に呼吸を導く下部胸式呼吸である。空気が肋骨全体を横と後ろに広がるように、臍を少しへこませる。息を吸うと、腹筋にある一定の基礎的緊張が生じ、まっすぐに起こされた姿勢が支えられる。鼻から息を吸い、唇を少しすぼめて息を吐く。身体からすべての有害物質を排出するために、完全に息を吐き出す。

5．ポジティブポイント

ネガティブな考え方や将来的によりポジティブな方法で対処したいと考えている感覚にフォーカスする。眼を閉じ、リラックスする。両眼の上の2つのポイントを指先で軽く触れる。2つのポイントは、額の生え際と眉毛の中間、前頭骨の隆起部にある。

6．エレファント

左腕は身体の前方に出し、右腕は左腕を支える。その際右の上腕を腹にもたせかけるようにする。左耳は左の上腕に据え、視線は伸ばした左手の人差し指のほうに向ける。腕で横に寝かせた8の字を描き、その際身体全体がやわらかく腕の動きについていくように動く。8の字は肘を使って左上へ動かすことからはじめる。右手でも行う。

参考文献、索引

参考文献

* 1 Lukas, C., Faszienbehandlung mit Blackroll. Books on Demand 2012.

* 2 Myers, T.W., Anatomic Trains. Myofasziale Leitbahnen. München 2010, 2. Auflage.

* 3 Thömmes, F., Faszientraining. München 2013, 2. Überarbeitete Auflage.

* 4 Herrmann, V., Aufwärmen. Aktiv-dynamisch anstatt monoton. In: LeichtathletikTraining 25 (2014) 6, S. 4–9.

* 5 Feldenkrais, M., Bewusstheit durch Bewegung. Der aufrechte Gang. Frankfurt a. M. 2008.

* 6 Feldenkrais, M., Die Feldenkraismethode in Aktion. Paderborn 2006.

* 7 Beckmann, H., Schöllhorn, W., Differenzielles Lernen im Kugelstoßen. In: Leistungssport 36 (2006) 4, S. 44–50.

* 8 Kolb, M., Methodische Prinzipien zur Entwicklung der Körperwahrnehmung. In: Schierz, M., Hummel, A., Balz, E. (Hg.), Sportpädagogik. Orientierungen, Leitideen, Konzepte. St. Augustin 1994, S. 239–260.

* 9 Hegen, P., Schöllhorn, W., Lernen an Unterschieden und nicht durch Wiederholen. In: Fußballtraining (2012 a) 3, S. 30–37.

*10 Hegen, P., Schöllhorn, W., Gleichzeitig in verschiedenen Bereichen besser werden, ohne zu wiederholen? In: Leistungssport 42 (2012 b) 3, S. 17–23.

*11 Schöllhorn, W., Eine Sprint-und Laufschule. Aachen 2003.

*12 Schöllhorn, W., Sechelmann, M., Trockel, M., Westers, R., Nie das Richtige trainieren, um richtig zu lernen. In: Leistungssport 34 (2004) 5, S. 13–17.

*13 Schöllhorn, W., Differenzielles Lehren und Lernen von Bewegung-Durch veränderte Annahmen zu neuen Konsequenzen. In: Gabler, H., Göhner, U., Schiebl, F. (Hg., Zur Vernetzung von Forschung und Lehre in Biomechanik, Sportmotorik und Trainingswissenschaft. Hamburg 2005, S. 125–136.

*14 Schöllhorn, W., Schnelligkeitstraining. DVD. Weikersheim 2006.

*15 Schöllhorn, W., Michelbrink, M., Grzybowsky, C., Gleichgewichtstraining. DVD. Weikersheim 2007.

*16 Schöllhorn, W., Humpert, V. u. a., Differenzielles und Mentales Training im Tennis. In: Leistungssport 38 (2008) 6, S. 10–14.

*17 May, R., Vorteile des beiseitigen Übens. In: LeichtathletikTraining 23 (2012) 7, S. 24–30.

*18 Hotz, A., Lange, H., Wie wird Koordination trainiert? In: Scheid, V., Prohl, R. (Hg., Lange, H. (Red.) , Trainingslehre. Kursbuch Sport. Schorndorf 2009, 11. Auflage, S. 61–76.

*19 Neumaier, A., Koordinatives Anforderungsprofil und Koordinationstraining. Köln 2009, Nachdruck der 3. Auflage.

*20 Meyners, E., Koordinative Fähigkeiten-Koordinationslernen. In: FFP (Hg.-Spezialheft) Fit fürs Reiten. Sportwissenschaftliche Grundlagen in praktischer Anwendung zur Reitlehre. Jülich 2013, S. 46–96.

*21 Sehlig-Hagn, E., Mehr Beweglichkeit durch Stretching. In: LeichtathletikTraining 20 (2009) 9, S. 26–31.

*22 Schöffmann, B., Die Skala der Ausbildung: FN-Richtlinien in der Praxis. Stuttgart 2006, 2. Auflage.

*23 Ayres, A.J., Bausteine der kindlichen Entwicklung. Die Bedeutung der Integration der Sinne für die Entwicklung des Kindes. Berlin 1998.

*24 Chatzopoulos, D., Die Bedeutung der Aufgabenstellung für Lernprozesse im Sportunterricht Köln 1997.

* 25 Hirtz, P., Hotz, O., Ludewig, G., Bewegungskompetenzen. Bewegungsgefühl. Schorndorf 2003.

*26 Kirchner, G., Pöhlmann, R., Lehrbuch der Sportmotorik. Kassel 2005.

*27 Loosch, E., Allgemeine Bewegungslehre. Wiebelsheim 1999.

*28 Meinel, K., Schnabel, G., Bewegungslehre-Sportmotorik. Aachen 2007.

*29 Weineck, J., Optimales Training. Erlangen 2007, 15. Auflage.

*30 Egger, K., Lernübertragungen in der Sportpädagogik. Basel 1975.

*31 Kassat, G., Ereignis Bewegungslernen. Röding-shausen 1998.

*32 Leist, K.-H., Transfer im Sport. Schorndorf 1978.

*33 Leist, K.-H., Bewegungslernen und Transfer. In: Moegling, K. (Hg.), Integrative Bewegungslehre. Teil III. Immenhausen bei Kassel 2002, S. 278–301.

*34 Thömmes, F., AIREX BeBalanced! Das innovative Trainingskonzept mit Balance-pads & Co. München 2011.

*35 Bertram, A.M., Laube, W., Sensomotorische Koordination. Gleichgewichtstraining mit dem Kreisel. Stuttgart/New York 2008.

*36 Hirtz, P., Hotz, O., Ludewig, G., Bewegungskompetenzen. Gleichgewicht. Schorndorf 2000.

*37 Dennison, G.E., Dennison, P.E., Brain-Gym für Kinder. Kirchzarten 2006 a.

*38 Dennison, G.E., Dennison, P.E., Edu-Kinesthetik für Kinder. Handbuch für Edu-Kinethetik. Kirchzarten 2006 b.

*39 Dennison, G.E., Dennison, P.E., Brain-Gym Lehrerhandbuch. Kirchzarten 2006 c.

*40 Volger, B., Lehren von Bewegungen. Ahrensburg 1990.

*41 Groeben, B., Wolters, P., Bewegungsanweisungen-Hilfe oder Hindernis? In: Laging, R., Prohl, R. (Hg.), Bewegungskompetenz als Bildungsdimension. Hamburg 2005, S. 107–119.

*42 Wolters, P., Bewegung unterrichten. Hamburg 2006.

*43 Leist, K.-H., Loibl, J., Vom gefühlvollen Sich-Bewegen und seiner Vermittlung. In: Sportpädagogik 14 (1990), 4, S. 19–25.

*44 Trebels, A.H., Bewegungsgefühl: Der Zusammenhang von Spüren und Bewirken. In: Zeitschrift für Sportpädagogik (1990), 14, S. 12–18.

*45 Meyners, E., Das Bewegungsgefühl des Reiters. Stuttgart 2003.

*46 Meyners, E., Bewegungsgefühl und Reitersitz. Stuttgart 2012, 2. aktualisierte Auflage.

*47 Christian, P., Vom Wertbewusstsein des Tuns.

Ein Beitrag zur Psychomotorik der Willkürbewegung. In: Buytendijk, F. J., Christian, P., Plügge, H., Über die menschliche Bewegung als Einheit von Natur und Geist. Schorndorf 1963, S. 19–44.

*48 Ennenbach, W., Bild und Mitbewegung. Köln 1989.

*49 Weizsäcker, V.v., Der Gestaltkreis–Theorie der Einheit von Wahrnehmen und Bewegen. Stuttgart 1986. 5. Auflage.

*50 Meyners, E., Reiten und Wahrnehmen–eine notwendige Beziehung zur Entwicklung des Bewegungsgefühls. In: FN (Hg.) Dokumentation der 2. Schulsporttagung 1998. Warendorf 1999.

*51 Nitsch, J.R., Sportliches Handeln als Handlungsmodell. In: Sportwissenschaft 5 (1997) 1, S. 39–55.

*52 Goddard, S., Greifen und Be-Greifen. Kirchzarten bei Freiburg 2000, 2. Auflage.

*53 Hannaford, C., Bewegung–das Tor zum Lernen. Kirchzarten bei Freiburg 2008, 7. Auflage.

*54 Teplitz, J.V., Brain-Gym fürs Büro. Freiburg 2004.

*55 Andrews, E., Muskel-Coaching. Angewandte Kinesiologie in Sport und Therapie. Freiburg 1993.

*56 Klingelhöffer, W., Kinesiologie im Sport. Strategie für den Erfolg. Penzberg 2005.

*57 Sterr, C., Mentaltraining im Sport. Bessere Leistung bei Training und Wettkampf. Hamburg 2006, 2. Auflage.

*58 Gallwey, W.T., Tennis, das innere Spiel. Überarbeitete Neuauflage München 2012.

*59 Meyners, E., Müller, H., Niemann, K., Das Praxisbuch-Reiten als Dialog. Stuttgart 2014.

*60 Meyners, E., Schluss mit dem Irrglauben: Sitzunterricht an der Longe ist nutzlos! In: Dressurstudien 6 (2010) 1, S. 83–87.

*61 Göhner, U., Angewandte Bewegungslehre und Biomechanik. Tübingen 2008.

*62 Göhner, U., Sportliche Bewegungen erfolgreich analysieren. Tübingen 2013.

*63 Wehr, M., Weinmann, M., Die Hand-Werkzeug des Geistes. Heidelberg/Berlin 1999.

索 引

A－Z

Balimo チェア　31, 54, 62, 106, 210, 213

あ

アースボタン　158

頭と首まわり（頭、喉、首）　22, 48, 57, 65, 74, 87, 174, 186, 208, 211, 214, 218, 221

エレファント　154, 225, 229

大きな関節を柔軟にする　22, 47, 87, 174, 197, 216, 220, 223

か

カーペンター効果　20

身体の長軸　22, 34, 47, 50, 72, 93, 127, 151, 172, 174, 181, 189, 202, 214, 220, 223

キネシオロジー　35, 139, 141

脚扶助を使った正しい推進　22, 31, 56, 63, 70, 174, 181, 183, 202, 210, 213, 220

キャリングパワー　111, 169

胸骨領域と胸郭　22, 27, 50, 59, 66, 174, 189, 208, 211, 214, 218, 221

胸腺タッピング　38, 141, 146, 227

筋の不均衡　47, 118, 123, 129, 136

クロスオーバー　35, 47, 93, 151, 157

クロスコーディネーション　22, 34, 43, 72, 81, 93, 117, 126, 140, 143, 172, 174, 181, 202, 204, 216, 220, 223

行動観察トレーニング　20

コーディネーション能力　11, 14, 20, 35, 128

呼吸を整える　150, 228

腰かけ乗り　169

骨盤の可動域を広げる　22, 29, 54, 62, 68, 210, 213

ゴルジ腱器官（筋肉、腱）　22, 27, 52, 61, 68, 174, 191, 209, 212, 214, 218, 222

さ

舌を上顎に押し当てる　38, 145, 228

収縮　111, 120

自律訓練法　105

シンキングキャップ　158, 226

真直性　111

親睦期　109, 115, 135, 139, 145

随伴　28, 35, 53, 85, 93, 122, 171, 183, 185

スペースボタン　36, 157, 226

セルフキャリッジ　111

漸進的筋弛緩法　105
仙腸関節と骨盤の可動域を広げる　22, 174, 195,
　216, 218, 222
仙腸関節の可動域を広げる　22, 29, 54, 61, 68,
　209, 212
側対歩　117

た

対比エクササイズ　135, 162, 195, 216, 218
弾発　111
調馬索　117, 134, 161
透過性　112
トリガーポイント　28

な

縫際乗り　169
脳の自己組織化　40, 43

は

ハミ受け　111
ハミングする　39, 145, 153
バランス　11, 45, 47, 113, 118, 123, 161, 166
　回旋バランス　125, 127
　バランスボタン　36, 157
　バランスをとるためのバランス　125, 127
　飛行バランス　125, 127
　立位バランス　125, 127
フェルデンクライシスメソッド　29
プッシングパワー（推進力）　111, 161, 166
ブレインボタン　36, 156, 225
帆かけ船モデル　118
ポジティブに考える　37, 147
ポジティブポイント　159, 229

ま

メンタルトレーニング　4, 20
モンキー乗り　43, 92, 135, 162, 181, 187, 201,
　204

ら

リズム　11, 113, 129, 161, 166,
リズム（歩調）　109, 116, 129, 183, 205,
両側性転移（クロスエデュケーション効果）　44, 66
両手描画（ダブルドゥードゥル）　136, 155, 224
リラックス　109, 116, 131
レイジーエイト　36, 140, 152, 224

わ

笑う　16, 37, 147, 227

BORO RIDING SHOP®

ボロライディングショップは 1995 年の創業以来、人馬の信頼関係をサポートしようと考えてきました。

良い馬具は人と馬との距離を近づけ人馬の信頼関係を助けます。例えば良い鞍は良い座りを作り、良い座りは馬を安心させます。バランスの良い乗馬靴は、脚を安定させ扶助を明確にします。質の高い馬着は快適と安息を守ります。馬はストレスを軽減し人を信頼し、良いパフォーマンスを作り出すでしょう。

良いパフォーマンスは技術の向上につながり、乗馬の楽しみはさらに奥深いものとなるでしょう。

私たちスタッフは、世界中に良い馬具を求め、適切な価格で提供し、ライダーと愛馬のご要望にお答え出来るように今後も努力を続けます。

ボロライディングショップ

E-mail boroshop@boro.co.jp　TEL 03-3867-6206　FAX 03-3925-1800

BALIMO®
Balance In Motion

あなたと愛馬に最高のケアを。

BALIMO
で感じる
新たなバランス。

BALIMO
Balance In Motion

U-ma japon（ウーマジャポン）
〒370-0005
群馬県高崎市浜尻町 590-1
TEL 027-386-8845
FAX 027-386-8846
https://u-majapon.jp/

Profile

エッカート マイナース
(Eckart Meyners)

ドイツ・ロイファナ大学で、長年スポーツ教育学の講師を務めた。乗馬におけるライダーと馬の相互作用、ライダーの身体意識と動きの改善に焦点を当てた乗馬教育学を確立し、大学の教育・研究分野への導入にも成功した。馬の動きを重視した従来の乗馬教育に対し、ライダーの動きに注目した科学的アプローチは世界的に評価が高く、乗馬スポーツの発展に大きく貢献した。

照井駿介

ドレッサージュ・ステーブル・テルイ
(https://www.dst-rc.com)
ドイツ馬術連盟公認トレーナー(ベライター)、日本馬術連盟公認馬術コーチ3、全国乗馬倶楽部振興協会上級指導者
早稲田大学馬術部出身。実家は乗馬クラブを経営し、中学生から本格的に馬場馬術選手を志した。早稲田大学4年次に同校としては56年ぶりとなる全日本学生馬術選手権大会で優勝、2018年ジャカルタ・アジア大会では馬場馬術団体1位、個人4位入賞を果たした。現地で修行した緻密なドイツスタイルのレッスンに定評がある。

編集部より

マイナース氏の乗馬トレーニングビデオは YouTube で多数公開されています。残念ながらドイツ語ですが、翻訳機能と字幕機能を組み合わせて視聴すると、レッスン内容の輪郭はつかめます。「YouTube翻訳機能」「YouTube字幕機能」を検索し、ぜひお試しください。
本書の情報を適正にまたは誤って適用したことにより、人、動物または所有物にいかなる損害が生じたとしても、著者、監訳者および発行者のいずれも責任を負うものではありません。自宅、騎乗前、馬上などで各種エクササイズを行う際には、不測の事故、故障などが起きないよう十分に注意してください。

Eckart Meyners
Aufwärm- und
Übungsprogramm für Reiter

Copyright ©2015 FranckhKosmos VerlagsGmbH und Co. KG, Stuttgart
Alle rechte vorbehalten

乗馬のマイトレ

1刷　2024 年 10 月 30 日

著　者　エッカート マイナース
監訳者　照井駿介

発行者　清水嘉照
発行所　株式会社アニマル・メディア社
　　　　113-0034 東京都文京区湯島 3-23-8
　　　　第 6 川田ビル 3F
　　　　電話 03-5817-8405
　　　　https://www.animalmedia.co.jp

印刷所　株式会社杜陵印刷
装　幀　岩渕恵子 / iwabuchidesign

©2024 株式会社アニマル・メディア社　Printed in Japan
乱丁、落丁は、送料小社負担でお取り替えいたします。
ご面倒をおかけいたしますが、小社販売部までお送りください。

本書に掲載している画像、イラストを含むすべての記事の無断転
用を禁止いたします。本書のコピー、スキャン、デジタル化などの
無断複製は、著作権法上の例外を除いて禁止されています。ま
た、本書を代行会社など第3者に依頼してスキャンやデジタル化
することは、たとえ個人や家庭内の利用であっても著作権法上認
められていません。
ISBN978-4-901071-28-4　価格は裏表紙に表示してあります。